Szenen 2
heute aktuell Arbeitsbuch

場面で学ぶドイツ語

Shuko Sato
Kyoko Shimoda
Daniel Arnold
Thoralf Heinemann

SANSHUSHA

1. Ergänzen Sie „ein", „einen" oder „eine". 不定冠詞を補いなさい。

   a) Im Restaurant:

   ○ Was trinken Sie?

   ● Ich nehme _____ Bier.

   ○ Was möchten Sie essen?

   ● Ich möchte _____ Tomatensuppe und _____ Schweinebraten
   mit Pommes. Als Nachtisch nehme ich _____ Schokoladenpudding.

   b) Am Kiosk:

   ○ Bitte schön!

   ● Ich möchte _____ Dose Mineralwasser.

   ○ Leider habe ich nur Flaschen.

   ● Dann _____ Flasche Mineralwasser, bitte.

   c) Im Café:

   ○ Guten Tag. Was nehmen Sie?

   ● Ich bekomme _____ Tasse Tee und _____ Apfelkuchen mit
   Sahne.

   ○ Auf der Terrasse gibt es nur Kännchen.

   ● Also, dann nehme ich _____ Kännchen Tee.

2. Was passt zusammen? Verbinden Sie. 適切な答えを選び、線で結びなさい。

   a) Zahlen bitte.   •   •   1) Gleichfalls.
   b) Guten Appetit!   •   •   2) Zusammen oder getrennt?
   c) Was möchten Sie essen? •   •   3) Ich möchte ein Bier.
   d) Das macht 27 Euro.   •   •   4) Ich nehme einen Schweinebraten.
   e) Was trinken Sie?   •   •   5) Bitte schön.
   f) 5 Euro zurück.   •   •   6) 30 (Euro). Stimmt so.
   g) Die Speisekarte bitte.   •   •   7) Danke.

3. Sie und Ihr/e Freund/in möchten im Restaurant bestellen und bezahlen. Schreiben Sie einen Dialog. Benutzen Sie dabei die Speisekarte im Lehrbuch auf Seite 10 und 11. 教科書 10 〜 11 ページのメニューを使って、友人と一緒にレストランで食事を注文し、支払う会話を作りなさい。

○ *Kellner/in*　□ *Sie*　● *Freund/in*

○ Hier ist die Speisekarte.

□ / ● Danke.

○ Was trinken Sie?

□ _____

○ Und Sie?

● _____

○ Kommt sofort.

　　(Kellner/in bringt die Getränke.)

○ So, hier sind die Getränke. Und? Haben Sie schon gewählt?

□ _____

○ _____

● _____

○ _____

　　(Nach dem Essen)

□ / ● Zahlen bitte!

○ Ja, gern. _____

□ Getrennt, bitte. Ich bezahle _____

○ Das macht _____ €.

□ _____

○ _____ Und _____

● _____

○ _____ €.

● _____

○ _____

□ / ● Auf Wiedersehen.

4. Welche Adjektive passen zu den Lebensmitteln? 例にならって、適切な形容詞を選びなさい。

a) Brot　Pizza　Chips　　　　→ _____knusprig_____

b) Speck　Butter　Schmalz　　→ _____

c) Curry　Senf　Pfeffer　　　→ _____

d) Honig　Melone　Eis　　　　→ _____

e) Essig　Zitrone　Grapefruit　→ _____

f) Rucola　Orangenschale　Kaffee → _____

süß
sauer
fettig
bitter
scharf
~~knusprig~~

r Speck ベーコン　*s* Schmalz ラード　*r* Honig はちみつ　*e* Rucola ルッコラ　*e* Schale 皮

5. Wie schmeckt …? Benutzen Sie die Vokabeln aus dem Kasten und antworten Sie.
   与えられた語を使って、設問に答えなさい。

A. Füllen Sie die Lücken aus. 例にならって空欄を補いなさい。

> e Wurst   r Salat   e Pizza   s Brot   r Fisch   s Hähnchen   s Rindfleisch
> pl Erdbeeren   pl Trauben   e Schokolade   r Kuchen   s Eis   r Kaffee   r Apfelsaft

heiß   warm   kalt   bitter   würzig   saftig   trocken   zäh   weich
salzig   süß   sauer   scharf   fettig   frisch   fruchtig   alt   knusprig

Bsp.: Wie schmeckt die Tomatensuppe?
   ☺ _Die_ schmeckt lecker. _Sie_ ist _würzig_ .
   ☹ _Die_ schmeckt nicht. _Sie_ ist _zu salzig_ .

a) Wie schmeckt der Wein?
   ☺ _____ schmeckt gut. _____ ist _____ .
   ☹ _____ schmeckt nicht gut. _____ ist _____ .
b) Wie schmeckt das Schweinefleisch?
   ☺ _____ schmeckt gut. _____ ist _____ .
   ☹ _____ schmeckt nicht besonders. _____ ist _____ .
c) Wie schmecken die Pommes frites?
   ☺ _____ schmecken gut. _____ sind _____ .
   ☹ _____ schmecken nicht. _____ sind _____ .

B. Schreiben Sie wie in den Beispielen. A にならって自由に作文しなさい。

a) _____
   ☺ _____
   ☹ _____
b) _____
   ☺ _____
   ☹ _____
c) _____
   ☺ _____
   ☹ _____

6. Ergänzen Sie. 例にならって形容詞を名詞化し、自由に書き入れなさい。

bitter　　sauer　　salzig　　süß　　scharf　　frisch　　knusprig　　erfrischend

Bsp.: Beim Fernsehen esse ich gern _*etwas Salziges*_ .

a) Zum Kaffee esse ich gern _____ .
b) Zum Frühstück esse ich gern _____ .
c) Nach dem Sport trinke ich gern _____ .
d) Zum Bier esse ich gern _____ .
e) Auf einer Party esse ich gern _____ .

7. Was passt zusammen? Bilden Sie Komposita. 合成語を作りなさい。

Kartoffel- Mineral- Brat-
Rot- Apfel- Tomaten-
Käse- Salz- Wurst-
Schweine- Schokoladen-
Sauer- Schinken- Rinder-

Kartoffeln Brot Kraut
Salat Pudding Mus
Wasser Wein Suppe
Saft Püree Wurst
Braten Platte

Kartoffelsalat _____ _____

_____ _____ _____

_____ _____ _____

_____ _____ _____

_____ _____ _____

8. Was passt? Verbinden Sie. 適切なものを選び、線で結びなさい。

a) Dessert　　　　・　　　・ 1) ……. sind nicht warm.
b) Spezi　　　　　・　　　・ 2) Cola mit Limonade
c) kalte Gerichte　・　　　・ 3) gebratenes Fleisch
d) Forelle　　　　・　　　・ 4) in Öl gebackene Kartoffeln
e) Pommes frites　・　　　・ 5) Nachspeise/Nachtisch
f) Rinderbraten　 ・　　　・ 6) Fisch

9. Lesen Sie die Textteile und antworte Sie. 分割された文章を読んで、設問に答えなさい。

A. Ordnen Sie den Text. 正しい順に並べなさい。

(　) An der Ecke sehen sie ein türkisches Lokal. Da kann man schnell etwas essen. Sie gehen ins Lokal hinein und nehmen Platz.

(　) Es ist Viertel vor sieben. Sie müssen gehen. Die Aufführung beginnt bald. In der Pause trinken sie beide ein Glas Wein und reden über das Stück.

(1) Anna und Tim verabreden sich um 18 Uhr in der Stadt vor dem Theater. Heute wird ein Theaterstück von Brecht aufgeführt.

(　) Nach dem Theater gehen sie in eine Studentenkneipe und trinken Bier. Dann spielen sie bis spät abends Billard.

(　) Tim bestellt einen Döner Kebab und eine Flasche Limonade. Anna nimmt Lammfleischspieße mit Reis und eine Flasche Mineralwasser. Das türkische Lokal finden sie sehr gut, da das Essen sehr lecker und sogar preiswert ist.

(　) Es fängt um 19 Uhr an. Die Theaterkarten haben sie vorher geholt. Jetzt wollen sie etwas Kleines essen, weil sie Hunger haben.

an der Ecke 角に　 s Lokal 飲食店　 sich verabreden 会う約束をする　 aufgeführt werden 上演される

B. Kreuzen Sie richtig (r) oder falsch (f) an.
正しいものには r (richtig) に、間違いには f (falsch) に×をつけなさい。

	r	f
a) Anna und Tim gehen zusammen in die Oper.	☐	☐
b) Sie sehen sich vor dem Bahnhof.	☐	☐
c) Die Aufführung beginnt um sieben Uhr.	☐	☐
d) Sie essen deutsch in einem Restaurant.	☐	☐
e) Sie essen etwas Türkisches.	☐	☐
f) Tim isst einen Döner Kebab und Anna nimmt eine Bratwurst.	☐	☐
g) Das Essen schmeckt ihnen nicht.	☐	☐
h) In der Pause trinken sie eine Flasche Wein.	☐	☐
i) Nach dem Theater gehen sie gleich nach Hause.	☐	☐

C. Unterstreichen Sie die Fehler und korrigieren Sie sie.
B. a) 〜 i) の間違っている箇所に下線を引き、正しい文に書き直しなさい。

Bsp.: a) Anna und Tim gehen zusammen in die Oper.

→ Anna und Tim gehen zusammen ins Theater.

10. Mein Lieblingsrestaurant. 例文を読んで、作文しなさい。

Bsp.: Mein Lieblingsrestaurant heißt „Olé España".

Dort gibt es spanische Spezialitäten.

Ich gehe oft am Wochenende mit meiner Familie dort essen.

Man kann zum Beispiel Paella oder Gazpacho essen.

Ich empfehle besonders Crema Catalan. Das schmeckt fantastisch.

empfehlen 勧める

Schreiben Sie einen Text über Ihr Lieblingsrestaurant.

_____

_____

_____

_____

_____

●

11. Welche Anzeige passt? a) ～ d) の希望に合う店を A ～ D の広告から選びなさい。

A

„Snack to Go"
Leckere selbstgemachte Snacks
zum Mitnehmen.
Alles Bio und aus der Region.
Nur werktags von Mo.-Fr. 11:00 - 20:00

B

„Altstadtkeller"
Gemütliche Kneipe mit traditioneller Küche.
Genießen Sie die ruhige Atmosphäre
bei einem Glas Weißwein.
Täglich 11 bis 23 Uhr geöffnet.

C

„Seeruhe"
Beliebtes Ausflugsrestaurant
direkt am See.
Großer Saal, perfekt für Familienfeste.
Toller Kinderspielplatz im Seegarten.
Mo.-Do. 10:00-19:00,
Fr./Sa./So. 9:00-22:00

D

„Thai-Box"
Keine Angst! Wir boxen nicht!
Kleines asiatisches Restaurant im Zentrum.
Wir bieten viele Nudelgerichte als
„Lunchbox To Go".
Lieferservice auch für Firmen.
Montag bis Samstag 10:00-24:00

●

a) Sie und Ihre Arbeitskollegen möchten zu Mittag essen. ( )
   Sie haben aber wenig Zeit und möchten das Büro nicht verlassen.
b) Ihr Großvater hat Geburtstag. Sie suchen einen Ort zum Feiern. ( )
c) Sie haben Gäste aus Japan und möchten sie zu einem typisch ( )
   deutschen Essen einladen.
d) Sie möchten etwas Gesundes für den kleinen Hunger. ( )

gesund 健康な、体にいい

1. Beantworten Sie die Fragen. Benutzen Sie die Hotels im LB auf Seite 17.
   教科書 17 ページのホテルを使って質問に答えなさい。

   Bsp.: ● Wie findest du das Hotel Eurostar?

   ○ *Das finde ich gut. Es liegt zentral, man kann im Internet surfen und es gibt einen Fahrradverleih. Aber es gibt keinen Parkplatz.*

   a) ● Wie findest du das Hotel Kontinent?

   ○ _____ *finde ich* _____. _____,

   _____ *und*

   _____.

   Aber _____.

   b) ● Wie findest du das Hotel Palast?

   ○ _____

   _____

   _____

   _____

   c) ● Wie findest du die Pension Prinz?

   ○ _____

   _____

   _____

   _____

2. Ergänzen Sie die Formen. 例にならって空欄を補いなさい。

a) *gut*	*besser*	*am besten*
b) *klein*		
c)	*schöner*	
d)		*am billigsten*
e)	*teurer*	*am teuersten*
f) *schlecht*		
g)		*am ältesten*
h)	*größer*	

3. Wählen Sie das korrekte Adjektiv und ergänzen Sie die Sätze im Komparativ oder Superlativ. 正しい形容詞を選び、比較級または最上級を補いなさい。

	Hotel Post	Hotel Adler	Hotel Krone	Hotel Sonne
a) alt/neu	seit 2010	seit 1985	seit 1998	seit 1998
b) gut/schlecht	●●●○○	●●○○○	●●●●○	●●●●○
c) viel/wenig	20 Zimmer	100 Zimmer	20 Zimmer	78 Zimmer
d) billig/teuer	EZ 95 € DZ 136 €	EZ 85 € DZ 136 €	EZ 105 € DZ 140 €	EZ 95 € DZ 120 €
e) groß/klein	EZ 30 m^2 DZ 40 m^2	EZ 35 m^2 DZ 40 m^2	EZ 35 m^2 DZ 51 m^2	EZ 28 m^2 DZ 32 m^2

EZ=Einzelzimmer   DZ=Doppelzimmer

a) Das Hotel Adler ist _____ als das Hotel Krone.
   Das Hotel Post gibt es seit 2010. Es ist _____ _____.
b) Die Bewertung für das Hotel Adler ist _____ _____.
   Die Bewertung für das Hotel Krone ist _____ als für das Hotel Post.
c) Das Hotel Post hat _____ Zimmer als das Hotel Sonne.
   Das Hotel Adler hat _____ _____ Zimmer.
d) Ein Einzelzimmer im Hotel Post ist _____ als ein Einzelzimmer im Hotel Krone.
   Die Doppelzimmer im Hotel Krone sind _____ _____.
e) Die Einzelzimmer im Hotel Adler und Krone sind _____ _____.
   Ein Doppelzimmer im Hotel Sonne ist _____ als in den anderen Hotels.

4. Ergänzen Sie die Sätze. Benutzen Sie die obige Tabelle.
   上の表を使って空欄を補いなさい。教科書 19 ページの文法欄を参考にしなさい。

a) Ein Einzelzimmer im Hotel _____ ist **so groß wie** im Hotel _____.
b) Das Hotel _____ und das Hotel _____ haben **gleich viele** Zimmer.
c) Das Hotel _____ und das Hotel _____ sind **gleich alt**.
d) Die Doppelzimmer im Hotel _____ sind **genau so teuer wie** im Hotel _____.
e) Die Bewertungen für das Hotel _____ und das Hotel _____ sind **gleich gut**.

5. Ergänzen Sie. 空欄を補いなさい。

R: Guten Tag.

P: Guten Tag. Wir haben ein Zimmer für Ackermann _____.

R: _____. Ackermann …

Ja, hier. Für 2 _____, ein Doppelzimmer für 2 _____.

P: Genau.

R: Ihr Zimmer ist im 4. _____, Zimmernummer 409.

Hier ist Ihre _____.

P: Danke. _____ noch.

Von _____ kann man frühstücken?

R: Das Frühstücksbuffet ist _____ sieben _____ halb elf offen.

6. Füllen Sie den Meldeschein aus. チェックイン用紙に記入しなさい。

Meldeschein		
Hotel Seeblick Uferstraße 5 87600 Hopfensee	Tag der Ankunft	
	Tag der Abreise	
Familienname		
Vorname		
Straße, Hausnummer		
PLZ ||||| Wohnort	Land	
Geburtsdatum ||||||	Staatsangehörigkeiten	
Ort, Datum Unterschrift		

7. Was passt zusammen? Verbinden Sie. 適切な答えを選び、線で結びなさい。

a) Kann man den Rollstuhl benutzen?   ·

b) Kann ich mit dem Auto kommen?   ·

c) Möchtest du ans Meer fahren?   ·

d) Wie findest du das Hotel Hansa?   ·

e) Kann man jetzt noch frühstücken?   ·

f) Wie ist das Passwort für das WLAN?   ·

· 1) Nein, das Buffet ist nur bis 10:30 geöffnet.

· 2) Es lautet „Hotel.Net1".

· 3) Ja, es gibt einen großen Parkplatz.

· 4) Ja, das Hotel ist barrierefrei.

· 5) Gut! Aber die Bewertung für das Hotel Alster ist besser.

· 6) Nein, ich möchte lieber eine Stadt besichtigen.

8. Frau Bäcker hat die E-Mail-Antwort vom Hotel Kontinent erhalten.
ベッカーさんはコンチネンタルホテルから返信メールをもらいました。

An:

Betreff:

Sehr geehrte Frau Bäcker,

wir freuen uns, dass Sie unsere schöne Stadt besuchen.
Ja, vom 10. - 14. Juli haben wir ein Doppelzimmer frei.
Ein Doppelzimmer mit Bad kostet 295 Euro pro Nacht.
Ja, wir haben einen großen Wellnessbereich mit Sauna und Schwimmbad.
Nein, leider kann man bei uns kein Yoga machen.
Bis zur U-Bahn sind es nur 10 Minuten.
Ja, Ihren Hund können Sie natürlich auch mitbringen.

Wir freuen uns auf Ihren Besuch.

Mit freundlichen Grüßen
Hotel Kontinent Susanne Meyer

Schreiben Sie die E-Mail-Anfrage. 上の返信メールを読んで、送信した質問のメールを書きなさい。

An:

Betreff:

Sehr geehrte Damen und Herren,

ich plane mit meiner Freundin im Sommer eine Reise nach München und
habe ein paar Fragen.
Haben Sie vom 10. - 14. Juli ein Doppelzimmer frei?

_____

_____

_____

_____

_____

Vielen Dank im Voraus für Ihre Antworten.

Mit freundlichen Grüßen
Karla Bäcker

im Voraus 前もって

9. Gehen Sie auf die Internetseite einer Stadt in den deutschsprachigen Ländern und wählen Sie dort ein Hotel aus. Stellen Sie das Hotel in der Klasse vor.

ドイツ語圏の都市を一つインターネットで検索し、ホテルを一軒選んでクラスで紹介しなさい。

Internetseiten deutscher Städte: www. Stadtname.de (z.B. www.berlin.de)
Internetseiten schweizer Städte: www. Stadtname.ch (z.B. www.bern.ch)
Internetseiten österreichischer Städte: www.Stadtname.au (z.B. www.wien.au)
Suchen Sie die Hotels auf der Internetseite unter „Hotels", „Unterkünfte" oder „Zimmer".

検索する都市の URL は、ドイツは都市名の後に .de、スイスは .ch、オーストリアは .au をつける。
ホテルは、各サイトの Hotels、Unterkünfte または Zimmer で探しなさい。

Bsp.:

Hotel Leonardo

Internetseite: www.weimar.de
Das ist das Hotel Leonardo in Weimar.
Es hat einen Parkplatz, einen Freizeitraum,
eine Sauna und ein Schwimmbad.
Man kann dort auch essen.
Ein Einzelzimmer kostet 65 Euro.

Mein Hotel

Internetseite:_____

Das ist _____

_____

_____

_____

_____

_____

_____

_____

_____

_____

_____

_____

_____

10. Lesen Sie die Texte A-D. Wählen Sie zu den untenstehenden Personen ein passendes Wochenend-Spezial aus. a)～d) の人々の好みに合う週末スペシャルプランを A～D のホテルから選びなさい。

A

Hotel Adler

Direkt am Pragser Wildsee, der Perle der Dolomiten.
Möchten Sie es lieber gemütlich? Dann genießen Sie den malerischen Wanderweg um den See.
Lieben Sie das Abenteuer? Dann klettern Sie mit einem Bergführer auf einen der umliegenden 3000er und erleben Sie das traumhafte Bergpanorama.

Wochenend-Spezial: 275 €
Fr.-So., Doppelzimmer, 2 Pers. inkl. HP
kostenloser Fahrradverleih
Gästekarte für Ermäßigung auf allen Bergbahnen

B

Hotel Krone

In ruhiger Lage, mitten in der Berner Altstadt.
Sie erreichen die malerischen Sehenswürdigkeiten der Altstadt zu Fuß. Lassen Sie sich vom Charme der Berner Altstadt verführen und genießen Sie einen Stadtbummel. Sind Sie vom Schaufenster-Shoppen hungrig geworden? Dann probieren Sie eine echte Schweizer „Rösti".

Wochenend-Spezial: 365 €
Sa./So., Doppelzimmer, 2 Pers. inkl. Frühstück
Mit der Gästekarte können Sie Bus und Tram kostenlos benutzen.

C

Strandhotel SPA

Direkte Strandlage mit wunderbarem Panoramablick über die Ostsee.
Unser „Haus der Genüsse" bietet Top-Massagen, Yoga-Lektionen, Aroma-Therapien und vieles mehr.
Das Gourmet Restaurant „Bernstein" offeriert Kulinarisches von Spitzenköchen aus aller Welt.

Wochenend-Spezial: 483 €
Sa./So., Doppelzimmer-Suite, 2-3 Pers. inkl. Vollpension
Mit der Kurkarte profitieren Sie von Ermäßigungen bei Schiffsausflügen.

D

Hotelschiff MS Rheinau

Mal was Anderes? Lassen Sie sich in den Schlaf schaukeln und übernachten Sie auf unserem Schiff. Wir bieten gemütliche 2er Kabinen mit Blick auf das herrliche Rheinufer. Bei unserer Fahrt auf dem Rhein legen wir in Konstanz (Samstag, Dinner) und Köln (Sonntagmorgen, Brunch) an.

Wochenend-Spezial: 215 €
Sa./So., Doppelkabine, 2 Pers. Alles inkl.
Samstagnachmittag: Weinprobe
Samstagabend: Live-Musik mit Tanz

a) Herr und Frau Bauer tanzen gern.　　　　　　　　　(　)
b) Emilia und Mia möchten ein Wellness-Wochenende buchen.　(　)
c) Leon und Matteo sind sehr sportlich und aktiv.　　　　(　)
d) Ben und Ella möchten eine neue Stadt kennenlernen.　　(　)

1. **Wohin kann ich gehen?** どこに行けばよいか、例にならって作文しなさい。

   a) Ich will einen Brief nach Japan schicken.　　– Dann kannst du zur Post gehen.
   b) Wir möchten einen Film sehen.　　–＿＿＿＿＿＿＿＿＿＿＿＿
   c) Meine Schwester will Bücher ausleihen.　　–＿＿＿＿＿＿＿＿＿＿＿＿
   d) Meine Eltern wollen Medikamente kaufen.　　–＿＿＿＿＿＿＿＿＿＿＿＿
   e) Er möchte Souvenirs kaufen.　　–＿＿＿＿＿＿＿＿＿＿＿＿
   f) Ich möchte Bücher kaufen.　　–＿＿＿＿＿＿＿＿＿＿＿＿
   g) Wir wollen eine Reise buchen.　　–＿＿＿＿＿＿＿＿＿＿＿＿
   h) Peter will Bier trinken.　　–＿＿＿＿＿＿＿＿＿＿＿＿
   i) Susanne möchte ein Konzert hören.　　–＿＿＿＿＿＿＿＿＿＿＿＿
   j) Ich will einen Stadtplan bekommen.　　–＿＿＿＿＿＿＿＿＿＿＿＿
   k) Wir wollen Brötchen kaufen.　　–＿＿＿＿＿＿＿＿＿＿＿＿

   > in: Kino, Kaufhaus, Bibliothek, Reisebüro, Kneipe, Konzerthalle, Buchladen
   > zu: ~~Post~~, Kiosk, Bank, Information
   > in/zu: Apotheke, Bäckerei

2. **„Was gibt es in deiner Nähe, was gibt es nicht?" Interviewen Sie zwei Personen.**
   住んでいる所の近くにある店とない店について、2人にインタビューしなさい。

A. **Tragen Sie die Antworten in die Tabelle ein.** 答えを表に書き入れなさい。

Name	ich		
gibt es			
gibt es nicht			

B. **Fassen Sie zusammen.** 例にならって作文しなさい。

Bsp.:

Name	Katrina	Till	
gibt es	Post	Konbini	
gibt es nicht	Buchladen	Café	

Katrina: Es gibt eine Post, aber keinen Buchladen.
Till:　　Es gibt einen Konbini, aber kein Café.

＿＿＿＿＿＿＿＿＿＿＿＿＿＿＿＿＿＿＿＿＿＿＿＿＿＿
＿＿＿＿＿＿＿＿＿＿＿＿＿＿＿＿＿＿＿＿＿＿＿＿＿＿
＿＿＿＿＿＿＿＿＿＿＿＿＿＿＿＿＿＿＿＿＿＿＿＿＿＿

3. Sie sind in der Touristeninformation. Sie möchten ein Kulturprogramm bekommen und Konzertkarten bestellen. Schreiben Sie einen Dialog. ツーリスト・インフォメーションで催物案内をもらい、コンサートのチケットを注文する対話を書きなさい。

● Guten Tag, _____?

○ _____, ich suche _____.
   Haben Sie _____?

● _____, bitte sehr. _____ viele Informationen.

○ _____. Kann man _____ bestellen?

● _____, leider nicht. Da müssen _____
   gehen.

○ Danke. _____.

4. Wie heißen die Fragewörter? 疑問詞を入れなさい。

a) Entschuldigung, _____ ist der Marktplatz? – Gehen Sie hier geradeaus.

b) Verzeihung, _____ komme ich zum Rathaus?

c) Entschuldigung, _____ gibt es hier eine Bank?

d) _____ ist in dem Paket? – Schokolade und Bücher.

e) _____ _____ brauchen die CDs nach Japan? – Ungefähr eine Woche.

f) _____ wünschen Sie? – Wir möchten nur etwas trinken.

g) _____ _____ Stationen sind es bis zum Bahnhof? – Nur drei Stationen.

h) _____ _____ wiegt das Päckchen? – Ungefähr ein Kilo.

5. Ergänzen Sie die Verben. 動詞を補いなさい。

a) Ich möchte ein Päckchen nach Japan _____.
   Es _____ ungefähr 1,5 Kilo.

b) Es _____ das Päckchen International.
   Bis 2 kg _____ es 13 Euro 90.
   – Gut, das _____ ich.

c) Ich _____ einen Stadtführer über Berlin.
   – Hier, dieser _____ auch die Öffnungszeiten der Museen.

d) Sie müssen am Hauptbahnhof _____.
   Nehmen Sie dann die U–Bahnlinie 2.

e) Ich möchte Karten für das Rockkonzert heute Abend _____.

> kosten   umsteigen   suchen   wiegen   nehmen
> schicken   geben   enthalten   bestellen

6. „am", „an", „auf", „in", „nach", „zu", „zum" oder „zur"? Ergänzen Sie. 前置詞を補いなさい。

    a) Entschuldigung, wie komme ich _____ Rathaus? – Gehen Sie immer
       geradeaus, dann sehen Sie _____ der rechten Seite das Rathaus.

    b) Verzeihung, wie komme ich _____ Information? – Gehen Sie hier
       geradeaus, _____ der ersten Kreuzung sehen Sie rechts die Information.

    c) Ich möchte ein Paket _____ Frankreich schicken.

    d) Wir können Tina und Robert _____ Hauptbahnhof treffen.

    e) Ich möchte am Wochenende _____ der Kneipe ein Bier trinken.

    f) Wir können auch _____ mir nach Hause fahren.

7. Wo ist…? Ergänzen Sie. 空欄を補いなさい。

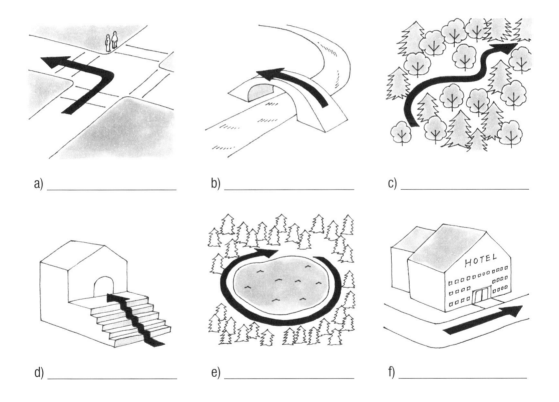

a) _____   b) _____   c) _____

d) _____   e) _____   f) _____

über die Brücke   durch den Wald   die Treppe hinauf
am Hotel vorbei   an der Kreuzung nach links   um den See herum

8. Sie brauchen zwei Stifte in verschiedenen Farben. Zeichnen Sie einen Weg in die Karte ein und erklären Sie Ihrem Partner/Ihrer Partnerin diesen Weg. Zeichnen Sie dann mit einer anderen Farbe den Weg ein, den Ihr Partner/Ihre Partnerin Ihnen erklärt.

違う色のペンを 2 本用意します。地図にあなたが歩くコースを描いて、パートナーに説明しなさい。
その後、違う色のペンでパートナーの説明に従って、コースを描き入れなさい。

*das Stadion　**die Burg

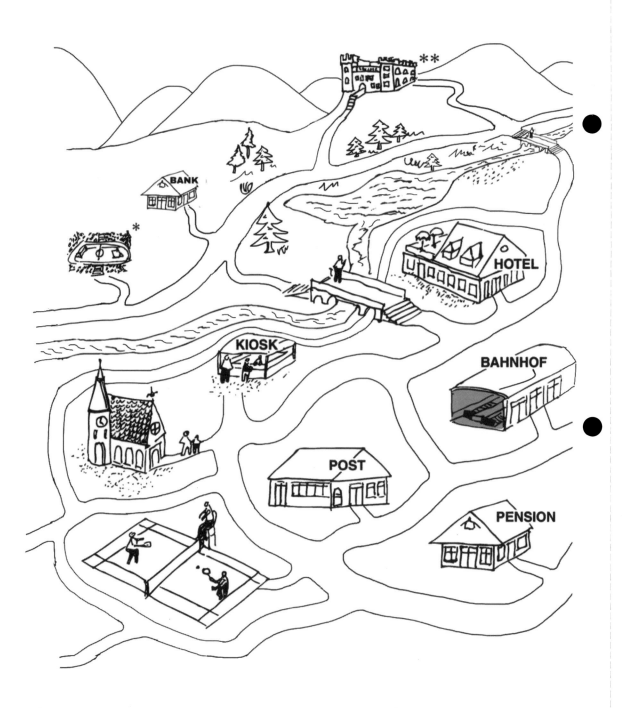

16

9. Ergänzen Sie die Endungen. 形容詞の語尾を補いなさい。

a) Auf dem Flohmarkt kann man auch neu____ Sachen kaufen.

b) In deutsch____ Fußgängerzonen sieht man oft Straßenkünstler.

c) Auf der link____ Seite sehen Sie das Hotel.

d) Dieser Reiseführer enthält viel____ Informationen.

e) Im neu____ Restaurant können wir alle am groß____ Tisch in der Mitte sitzen.

f) In dem alt____ Hotel habe ich schon einmal übernachtet.

g) Ich finde, der neu____ Englischlehrer ist sehr nett.

h) In der neu____ Wohnung gibt es 3 groß____ Zimmer.

i) Vielen Dank für die schön____ Blumen.

j) Besonders gut____ Künstler treten auch auf Festivals auf.

k) Das Orgelkonzert findet in der alt____ Kirche statt.

l) Wie ist die neu____ Bäckerei? Schmeckt das Brot?

m) Viel____ Grüße aus der schön____ Stadt Berlin.

n) Im Sommer fahren wir mit dem Rad an den wunderschön____ Bodensee.

10. Schreiben Sie Fragen und Antworten zur Übung 6 auf Seite 25 im LB.
教科書 25 ページ Übung 6 の問題文から、例にならって疑問文と答えの文を書きなさい。

1. Beginnen die Flohmärkte in Deutschland immer im Winter?
   – Nein, sie beginnen im Frühling.

2. _____

   _____

3. _____

   _____

4. _____

   _____

5. _____

   _____

6. _____

   _____

11. Kreuzen Sie richtig (r) oder falsch (f) an.

テキストを読んで、a) 〜 g) の正しいものには r (richtig) に、間違いには f (falsch) に×をつけなさい。

Heinz und Marlene machen 3 Tage Urlaub in Hamburg. Heute Mittag sind sie aus Frankfurt mit dem Zug in Hamburg-Altona angekommen und direkt zur Information gegangen. Dort haben sie viele Broschüren zu den verschiedenen Sehenswürdigkeiten in und um Hamburg bekommen. Sie hatten Hunger und haben in einem Imbiss einen Döner gegessen. Marlene hat dazu eine Cola und Heinz ein Bier getrunken. Danach haben sie die Landungsbrücken* im Hafen besucht und einen Spaziergang durch die Reeperbahn* gemacht.

Jetzt sind sie endlich im Hotel angekommen. Sie sind etwas müde und gehen gleich auf ihr Zimmer. Dort ruhen sie sich aus und wollen für den nächsten Tag planen. Aber in der Information haben sie keinen Stadtplan mitgenommen. Mit Stadtplan kann man besser planen, also geht Heinz zur Rezeption. Dort gibt es kostenlose Stadtpläne mit vielen Informationen.

Nach dem Abendessen besuchen sie das Musical „Cats". Die Musical-Halle ist gleich in der Nähe, also gehen sie zu Fuß. Nach dem Musical trinken sie in der Hotelbar noch einen Cocktail und gehen dann kurz vor Mitternacht schlafen.

* Hamburg の観光名所　endlich やっと　sich aus|ruhen 休息する

		r	f
a)	Heinz und Marlene machen Urlaub in Frankfurt.	☐	☐
b)	Heinz und Marlene sind vom Bahnhof-Altona direkt ins Hotel gegangen.	☐	☐
c)	Sie sind zu Fuß zur Musical-Halle gegangen.	☐	☐
d)	Sie haben in der Information einen Stadtplan bekommen.	☐	☐
e)	Sie haben im Hotelzimmer einen Cocktail getrunken.	☐	☐
f)	Am Nachmittag haben sie die Landungsbrücken im Hafen besucht.	☐	☐
g)	Heinz und Marlene sind mit dem Auto nach Hamburg gefahren.	☐	☐

1. „am", „für", „in", „mit", „nach", „um "oder „von"? Ergänzen Sie. 空欄に前置詞を補いなさい。

a) Anna fährt _____ ihrer Freundin _____ Köln _____ Hamburg.
b) Sie möchten _____ 5. Mai reisen.
c) Anna kauft Rückfahrkarten _____ Hamburg _____ zwei Personen.
d) Sie müssen _____ Hannover umsteigen.
e) Der Zug _____ Hannover fährt _____ 12:02 Uhr _____ Gleis 3 ab.
f) Die Fahrt _____ Köln _____ Hamburg _____ dem ICE dauert etwa viereinhalb Stunden.
g) Der Zug kommt _____ 16:27 Uhr _____ Hamburg-Altona an.

2. Wie heißt das Gegenteil? 反意語を書きなさい。

a) direkt hinfahren _____
b) abfahren _____
c) hin und zurück _____
d) von _____
e) einfache Fahrkarte _____

nach
Rückfahrkarte
einfach
umsteigen
ankommen

3. Verbinden Sie die Verbteile und ergänzen Sie die japanische Bedeutung.
例にならって正しいものを選び、日本語で意味を書きなさい。

a) mit — kommen
b) ab — bringen   _____mitbringen_____   _____持参する_____
c) mit — schauen
d) zu — steigen
e) an — fahren
f) um — nehmen
g) auf — bringen
h) zurück — fahren
i) hin — spielen
j) an — gehen
k) vor — treten
l) herum — sehen

4. Schreiben Sie Sätze. 例にならって作文しなさい。

    a) um zehn / der Zug / abfahren   *Um zehn fährt der Zug ab.*

    b) ich / in Mannheim / umsteigen   _____

    c) in zehn Minuten / wir / in Köln / ankommen

        _____

    d) du / mitfahren / ?   _____

    e) Mia / ein Sandwich / mitnehmen   _____

    f) wir / die Gläser / zurückbringen   _____

5. Schreiben Sie Verben. 例にならって動詞を書きなさい。

    a) *e* Ankunft   __ankommen__   b) *e* Abfahrt   _____

    c) *e* Fahrt   _____   d) *e* Dauer   _____

    e) *s* Umsteigen   _____   f) *e* Übernachtung   _____

    g) *e* Reservierung   _____   h) *e* Mitnahme   _____

6. Sie möchten mit dem Zug von München nach Salzburg fahren. Fragen Sie im Reisezentrum nach Informationen. 列車でミュンヘンからザルツブルクへ行きたいので、駅の旅行センターで a) ～ f) について尋ねる疑問文を作りなさい。

    a) Abfahrtszeit   _____

    b) Ankunftszeit   _____

    c) Umsteigen   _____

    d) Gleis   _____

    e) Fahrtdauer   _____

    f) Preis (Kosten)   _____

7. Lesen Sie den Text „Anders als in Japan" auf Seite 31 im Lehrbuch und kreuzen Sie richtig (r) oder falsch (f) an. 教科書 31 ページの „Anders als in Japan" を読んで、a) ～ g) の正しいものには r (richtig) に、間違いには f (falsch) に×をつけなさい。

                                                              r f

    a) In Deutschland kann man ohne Ticket zum Gleis gehen.   ☐ ☐

    b) Ein Schwarzfahrer hat keine Fahrkarte, oder eine ungültige Fahrkarte.   ☐ ☐

    c) Es gibt immer Kontrollen in der Straßenbahn, U-Bahn oder S-Bahn.   ☐ ☐

    d) Die Türen gehen automatisch auf.   ☐ ☐

    e) In Deutschland darf man ein Fahrrad in die U-Bahn oder S-Bahn mitnehmen.   ☐ ☐

    f) Man braucht keine Fahrkarte für sein Fahrrad.   ☐ ☐

    g) Kleine Hunde müssen einen Maulkorb tragen.   ☐ ☐

8. Ergänzen Sie die Modalverben. 空欄に話法の助動詞を補いなさい。

a) Ich _____ von Berlin nach Würzburg fahren.
   _____ ich direkt hinfahren?
   – Nein, Sie _____ in Fulda umsteigen.

b) Der Zug fährt in fünf Minuten ab. Wir _____ uns beeilen.

c) Du _____ über* Mannheim schneller fahren, _____ aber zweimal umsteigen.

d) In Deutschland _____ man die Fahrkarte selbst am Entwerter entwerten.

e) „Schwarzfahrer" _____ 60 Euro bezahlen.

f) In Deutschland _____ Hunde mit der U-Bahn oder S-Bahn mitfahren.
   Man _____ aber für seinen Hund auch eine Fahrkarte kaufen.

g) In Deutschland _____ man sein Fahrrad in die U-Bahn oder S-Bahn mitnehmen.

h) In Japan _____ ihr kein Fahrrad in die U-Bahn mitnehmen.

i) Meine Frau _____ gern mit dem Auto nach Spanien fahren.
   Da _____ man im Meer schwimmen.

* über 経由で

9. Was darf/kann/muss man hier (nicht) machen? Schreiben Sie.
ここでは何をしてよいですか / できますか / しなければなりませんか / してはなりませんか。
例にならって作文しなさい。

a) Hier kann man Gepäck einschließen.

b) _____

c) _____

d) _____

e) _____

f) _____

g) _____

h) _____

i) _____

j) _____

k) _____

l) _____

Gepäck einschließen 荷物をコインロッカーに入れる   Informationen bekommen
Tauben füttern 鳩に餌をやる   ruhig sein   Hunde anleinen
Fahrräder abstellen 自転車を止めておく   WLAN benutzen   parken
Rad fahren   schwimmen   Hunde mitbringen   Fahrkarten kaufen

10. Eine E-Mail aus Berlin.

A. Bringen Sie die E-Mail in die richtige Reihenfolge. メールを正しい順に並べなさい。

● ● ●	

Von: takashi013@kmail.com

An: michael123@kmx.de

Betreff: Meine Berlinreise

Lieber Michael,

(　) Hast du auch Sachertorte gegessen

(　) Ich bin jetzt in Berlin.

(　) Dann bin ich auf den Flohmarkt gegangen.

(　) wie geht es dir?

(2) Wie war es in Wien?

(　) Bis bald!

(　) Gestern habe ich den Reichstag besichtigt.

(　) und Heurigen getrunken?

(　) Die Kuppel ist faszinierend! Es waren viele Menschen da.

(　) Und heute möchte ich ins Mauermuseum gehen.

(5) Hattest du Sonne?

LG Takashi

e Sachertorte
ウィーン風チョコレート
ケーキ

r Reichstag
国会議事堂

Heurigen
ワインの新酒
[形容詞変化男性名詞 4 格]

e Kuppel, -n
ドーム

faszinierend
魅力的な

r Mensch, -en
人間

s Mauermuseum
ベルリンの壁博物館

LG = Liebe Grüße

B. Schreiben Sie auch eine E-Mail von einer Reise an Ihren Freund / Ihre Freundin.
あなたも旅先から友人にメールを送りなさい。

Von: _____

An: _____

Betreff: _____

Liebe/r ..., _____

_____

_____

_____

_____

11. Schreiben Sie Dialoge. 例にならって対話を作りなさい。

Bsp.: der Reichstag, den Reichstag besichtigen,
        auf den Flohmarkt gehen

A: Was kann man hier machen?
B: Es gibt z.B. den Reichstag. Wir können den Reichstag besichtigen.
A: Was kann man sonst noch machen?
B: Man kann auf den Flohmarkt gehen.

a) die Residenz mit Hofgarten, die Residenz besichtigen,
    über die Alte Mainbrücke zur Festung Marienberg gehen

A: _____
B: _____
A: _____
B: _____

b) das Münster, das Münster besichtigen,
    das Schwabentor und das Martinstor besichtigen

A: _____
B: _____
A: _____
B: _____

c) das Café Sacher, im Café sitzen,
    Sachertorte essen

A: _____
B: _____
A: _____
B: _____

d) Was kann man in Ihrer Heimat machen?

    _____
    _____
    _____
    _____

12. **Ihre Freundin Anna aus Deutschland kommt zu Besuch. Schreiben Sie eine Antwort auf Annas E-Mail.** ドイツの友人アンナから遊びに来るというメールが来ました。体験できることをたくさん書いて、アンナに返事を送りなさい。

● ● ●

Von: Anna Schröder

An: _____

Betreff: Mein Besuch

Liebe/r ...

wie geht es dir?
Stell dir vor, in den Sommerferien habe ich zwei Wochen Zeit und kann dich besuchen. Ich freue mich schon darauf.
Was kann man in deiner Stadt und der Umgebung machen? Bitte schreib mir bald!

Liebe Grüße
Anna

Stell dir vor, ... 想像してみて…(驚きの出来事を切り出す前の言葉)　sich auf (+4格) freuen (…⁴を)楽しみにする
e Umgebung, -en 周辺　bald まもなく、早く　schreib (du に対する命令形)

● ● ●

Von: _____

An: Anna Schröder

Betreff: Dein Besuch

Liebe Anna,

vielen Dank für deine E-Mail.
Super, dass du kommst! Ich freue mich.
Hier kann man ...
Du kannst ...
Wir können auch ...
Abends können wir zusammen ...
...

1. Mit oder ohne „ist"? Ordnen Sie zu.
   教科書 36 ページの語彙を形容詞と動詞に分類しなさい。

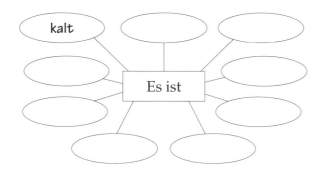

Es ist **kalt**.
(Adjektiv)
形容詞

Es **blitzt**.
(Verb)
動詞

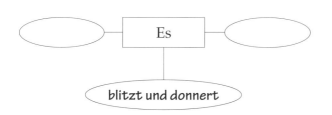

2. Ergänzen Sie die Gegenwarts- und Vergangenheitsform.
   例にならって、現在と過去について作文しなさい。

a) Es ist sonnig. _____ Es war sonnig.

b) _____ _____

c) _____ _____

d) _____ _____

e) _____ _____

f) _____ **40 °C** _____

g) _____ **23 °C** _____

h) _____ **-8 °C** _____

i) Es regnet. Es hat geregnet.

j) _____ _____

k) _____ _____

l) _____ _____

m) _____ _____

3. Schreiben Sie über das Wetter und die Temperaturen von gestern und heute.
あなたの住む地方の昨日と今日の天気と気温について、自由に作文しなさい。

Gestern _____

_____

Heute _____

_____

4. Benutzen Sie die Wetterkarte auf Seite 37 im LB und vergleichen Sie die Temperaturen.
教科書 37 ページの Das Wetter von heute を使って、気温を比較する文を書きなさい。

a) Wo ist es am kältesten?

_____

b) Hamburg und Warschau?

_____

c) Prag und London?

_____

d) Ankara und Athen?

_____

e) Wien und Berlin?

_____

f) Rom und Paris?

_____

5. Ergänzen Sie die Formen. 例にならって空欄を補いなさい。

a) gut	besser	am besten
b) _____	_____	am höchsten
c) warm	_____	_____
d) _____	mehr	_____
e) kurz	_____	_____
f) _____	heißer	_____
g) _____	_____	am längsten
h) _____	weniger	_____
i) _____	_____	am schönsten
j) _____	niedriger	_____
k) gern	_____	_____

6. Bilden Sie Sätze im Perfekt. 例にならって作文しなさい。

spazieren gehen E-Mails schreiben lernen Handyspiele spielen
joggen Fußball spielen eine Radtour machen einkaufen gehen
Radio hören lesen fernsehen ins Museum gehen
ein Picknick machen Kuchen backen eine Autofahrt machen

a) Frau Wolter ist
spazieren gegangen.

b) Du _____
_____

c) Wir _____
_____

d) Philipp _____
_____

e) Ich _____
_____

f) Mark _____
_____

g) Lisa _____
_____

h) Er _____
_____

i) Sie _____
_____

j) Familie Schmidt _____
_____

k) Julia und Anton _____
_____

l) Er _____
_____

m) Du _____
_____

n) Ich _____
_____

0) Herr Müller _____
_____

7. Schreiben Sie Sätze. 例にならって、weil、obwohl を使った文を書きなさい。

Bsp.: Es ist kalt.

    1) Wir bleiben zu Hause. 2) Wir machen ein Picknick.

1) (heute)	Wir bleiben zu Hause, weil es kalt ist.	（主文＋副文）
	Weil es kalt ist, bleiben wir zu Hause.	（副文＋主文）
(gestern)	Wir sind zu Hause geblieben, weil es kalt war.	（主文＋副文）
	Weil es kalt war, sind wir zu Hause geblieben.	（副文＋主文）
2) (heute)	Wir machen ein Picknick, obwohl es kalt ist.	（主文＋副文）
	Obwohl es kalt ist, machen wir ein Picknick.	（副文＋主文）
(gestern)	Wir haben ein Picknick gemacht, obwohl es kalt war.	（主文＋副文）
	Obwohl es kalt war, haben wir ein Picknick gemacht.	（副文＋主文）

a) Es ist stürmisch.

    1) Er geht nicht angeln. 2) Er fliegt noch heute nach Berlin.

    1) (heute)   _____

                   _____

      (gestern)   _____

                   _____

    2) (heute)   _____

                   _____

      (gestern)   _____

                   _____

b) Es ist sonnig und heiß.

    1) Petra geht schwimmen. 2) Petra lernt zu Hause für die Prüfung.

    1) (heute)   _____

                   _____

      (gestern)   _____

                   _____

    2) (heute)   _____

                   _____

      (gestern)   _____

                   _____

8. „Was hast du am Wochenende gemacht?" „Und warum?" Fragen Sie vier Personen.
週末にしたこととその理由（天気）について、4人にインタビューしなさい。

A. Tragen Sie die Antworten in die Tabelle ein. 答えを表に書き入れなさい。

Name	Was?	Warum?
Bsp.: Ayaka	ins Kino gegangen	weil das Wetter schlecht war
Kota	Yosakoi getanzt	obwohl es geregnet hat
ich		

B. Fassen Sie zusammen. 例にならって作文しなさい。

Bsp.: Ayaka ist ins Kino gegangen, weil das Wetter schlecht war.
　　　Kota hat Yosakoi getanzt, obwohl es geregnet hat.

_____

_____

_____

_____

_____

9. Wie heißen die Himmelsrichtungen? 方位をドイツ語で書き入れなさい。

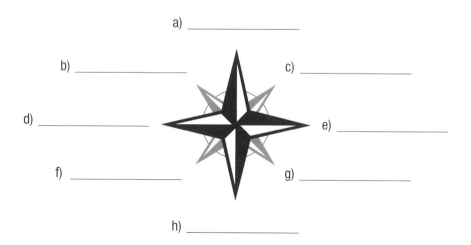

a) _____

b) _____　　　c) _____

d) _____　　　e) _____

f) _____　　　g) _____

h) _____

10. Was machst du, wenn …? 例にならって作文しなさい。

a)　　　30 °C　→　　　　Wenn *es heiß ist, esse ich Eis.*

b)　　→　　　　　Wenn *es schneit, fahre ich nicht Auto.*

c)　　　　　　　　　　　　_____

d)　　　　　　　　　　　　_____

e)　　　-5 °C　→　　　　　_____

f)　　　　　　　　　　　　_____

g)　　　　　　　　　　　　_____

h)　　　19 °C　→　　　　　_____

11. Was ist falsch? Unterstreichen Sie den Fehler und korrigieren Sie ihn.
例にならって間違っている箇所に下線を引き、正しい文に書き直しなさい。

a)　Es <u>ist</u> regnet.　　　　　　　　→ *Es regnet.*

b)　Ich habe geschlafen, obwohl das　→ Ich _____
　　Wetter war schön.　　　　　　　　_____

c)　In Rio de Janeiro ist es am heißten.　→ _____

d)　Es war geschneit.　　　　　　　　→ _____

e)　Im Süden schneit es meisten.　　　→ _____

f)　In Peking ist es kälter wie in Moskau.　→ _____

g)　Dann ich fahre zu meinen Eltern.　→ _____

h)　Es ist geblitzt und gedonnert.　　→ _____

i)　Wenn das Wetter schlecht ist,　　→ _____
　　Kevin arbeitet am Computer.　　　_____

12. Sie haben von Peter eine E-Mail bekommen. Schreiben Sie eine Antwortmail und
    beantworten Sie seine Fragen.
    Peter からのメールに返信メールを書きなさい。その際に Peter の質問に答えなさい。

Von: Peter

An:

Betreff: Mein Winterurlaub

Liebe/Lieber ......,

wie geht es dir?
Im letzten Winter bin ich mit meinen Freunden in die Alpen gefahren,
weil wir gerne Ski fahren.
Wir waren eine Woche dort und sind jeden Tag Ski gefahren,
obwohl es manchmal viel geschneit hat.
Abends sind wir in den Club gegangen, haben Bier getrunken und getanzt.
Es war sehr kalt, aber es hat viel Spaß gemacht.

Was hast du in deinen Winterferien gemacht?
Wohin bist du gefahren und was hast du dort gemacht?
Wie war das Wetter?

Übrigens, mein Freund möchte im August nach Japan fahren.
Schreib mir mal, wie das Wetter bei euch ist. Ist es ziemlich heiß und schwül?
Und kommen im August auch manchmal Taifune nach Japan?

Liebe Grüße
Peter

ziemlich かなり　schwül 蒸し暑い　r Taifun 台風

Von:

An: Peter

Betreff:

Lieber Peter,

danke für deine Mail.
Mir geht es ...

_____

_____

_____

13. Ordnen Sie den Dialog. 対話を正しい順に並べなさい。

(   )   Wow, ist das heute ein heißer Tag! Wie warm ist es denn?

(4)   Ja, morgen regnet es vielleicht und es sind nur noch 25 Grad.

(   )   Dann lass uns den letzten heißen Abend draußen im Garten bei einem
kühlen Bier genießen.

(   )   Der Wetterbericht sagt, dass es heute 38 Grad sind.

(   )   Das ist eine gute Idee. Das machen wir.

(   )   Es ist wirklich sehr heiß. Aber morgen wird es kühler, oder?

(   )   Super! Endlich ist die Hitze vorbei.

kühl 涼しい　vorbei sein 終わりになる

**14. Lesen Sie den Text „Die Jahreszeiten" auf Seite 38 im LB. Sind die Sätze richtig (r),
falsch (f) oder weiß man es nicht (?)?**
教科書 38 ページの „Die Jahreszeiten" を読んで、a)～k) の正しいものには r (richtig)、間違いには
f (falsch)、判断できないものには ? のところに×をつけなさい。

	r	f	?
a) In Süddeutschland ist es im Winter so warm wie in Norddeutschland.	☐	☐	☐
b) In Berlin und Brandenburg gibt es viele Kirschbäume.	☐	☐	☐
c) In Norddeutschland ist es im Sommer kälter als in Süddeutschland.	☐	☐	☐
d) Die Alpen liegen in Italien.	☐	☐	☐
e) Im Sommer fährt man nicht gern an die Nordsee oder an die Ostsee, weil das warme Wetter nur kurz ist.	☐	☐	☐
f) Neuer Wein heißt Federweißer.	☐	☐	☐
g) In Süddeutschland fährt man nicht Ski, obwohl es schneit.	☐	☐	☐
h) Japan hat Berlin und Brandenburg 9,000 Kirschbäume geschenkt.	☐	☐	☐
i) Im Herbst ist es in Süddeutschland so warm wie in Norddeutschland.	☐	☐	☐
j) Am Rhein und an der Mosel kann man Wein trinken.	☐	☐	☐
k) In Berlin ist im Herbst Hochsaison.	☐	☐	☐

schenken 贈る

15. Was ist auf den Bildern dargestellt? Schreiben Sie die Wörter in die Kästchen. Schneiden Sie die Kästchen aus und bringen Sie sie zum Unterricht mit. Spielen Sie dann **Memory.** 例にならって右の空欄に意味を書き入れ、はさみで切ってカードを作りなさい。 トランプの神経衰弱をして、カードを集めなさい。

		-15 °C	Es ist kalt.
		22 °C	
		40 °C	

1. Setzen Sie die Wörter zusammen. 適切なものを選び、合成語を作りなさい。

a) Bio   container   _____

b) Kunst   sammelstelle   _____

c) Altkleider   flaschen   _____

d) Pfand   müll   _____

e) Altpapier   dosen   _____

f) Konserven   abfälle   _____

g) Rest   container   _____

h) Sonder   dosen   _____

i) Garten   müll   _____

j) Spray   stoffe   _____

k) Schadstoff   tonne   _____

2. Wie heißt der Imperativ? 命令形を書きなさい。

A. Ergänzen Sie die Tabelle. 例にならって書き入れなさい。

	Sie に対して	du に対して	ihr に対して
a) zeigen	_Zeigen Sie!_	_Zeig!_	_Zeigt!_
b) tun	_____	_____	_____
c) werfen	_____	_____	_____
d) zurückbringen	_____	_____	_____
e) geben	_____	_____	_____
f) ausmachen	_____	_____	_____
g) helfen	_____	_____	_____
h) schließen	_____	_____	_____

B. Ergänzen Sie das passende Verb im Imperativ. 例にならって、適切な動詞の命令形を補いなさい。

a) _____Tun Sie_____ bitte die Dosen in die gelbe Tonne!   (Sie)

b) _____ ihm die Medikamente!   (du)

c) _____ mir die Hausaufgaben!   (ihr)

d) _____ die Tür, wenn du aus dem Haus gehst!   (du)

e) _____ das Licht _____, wenn Sie gehen!   (Sie)

f) _____ die Pfandflaschen ins Geschäft _____!   (ihr)

g) _____ die Schuhe in den Altkleidercontainer!   (du)

h) _____ mir bitte beim Tragen! Der Koffer ist schwer.   (Sie)

3. Wohin soll man den Müll tun? Setzen Sie die passende Präposition und den richtigen Artikel ein. 例にならって、前置詞と定冠詞を補いなさい。

a) Bioabfall   _auf_   _den_   Kompost
b) leere Batterien   _____   _____   Sammelbox
c) leere Flaschen   _____   _____   Glascontainer
d) alte Medikamente   _____   Schadstoffsammelstelle
e) Joghurtbecher   _____   _____   gelbe Tonne
f) alte Kleidung   _____   _____   Altkleidercontainer
g) alte Zeitungen   _____   _____   Altpapiercontainer
h) Pfandflaschen   _____   Geschäft
i) Eierschalen   _____   _____   Biotonne

4. Bilden Sie Aufforderungssätze. 例にならって命令文を作りなさい。

a) sich jeden Tag duschen
→ (du) _Dusch dich jeden Tag!_
b) nicht zu viel arbeiten
→ (Sie) _____
c) jede Woche eure Wäsche waschen
→ (ihr) _____
d) nicht so viel mit dem Handy spielen
→ (du) _____
e) oft Rad fahren
→ (ihr) _____

5. Schreiben Sie die Sätze mit „sollen" um. 例にならって書き換えなさい。

Der Lehrer sagt den Studenten,

a) „Antworten Sie bitte!"   _Die Studenten sollen antworten._
b) „Sprechen Sie bitte lauter!" _____
c) „Lesen Sie bitte vor!"   _____
d) „Schlagen Sie bitte das Buch auf Seite 50 auf!"
_____
e) „Hören Sie bitte gut zu!" _____
f) „Sprechen Sie den Satz nach!"

_____

6. Fragen Sie nach. 例にならって聞き返しなさい。

a) Schenk ihm ein Buch!
   Wie bitte? Was soll ich ihm schenken?

b) Nimm eine Tasche mit, wenn du einkaufen gehst!

   _____

c) Iss jeden Tag Frühstück!

   _____

d) Mach das Licht aus, wenn du nicht da bist!

   _____

e) Reserviert zwei Sitzplätze nach München!

   _____

f) Entwerten Sie die Fahrkarte am Entwerter!

   _____

g) Schickt das Päckchen nach Deutschland!

   _____

h) Bestellen Sie Konzertkarten in der Information!

   _____

i) Lass das Wasser nicht laufen, wenn du badest!

   _____

7. Was gehört zusammen? Setzen Sie das passende Verb ein. 適切な動詞を補いなさい。

a) Essen   *kochen*
b) das Fenster   _____
c) das Licht / den Fernseher   _____
d) Kleidung in den Altkleidercontainer   _____
e) Eierschalen auf den Kompost   _____
f) Pfandflaschen in das Geschäft   _____
g) leere Flaschen in den Glascontainer   _____
h) ans Meer   _____
i) eine Stadt   _____
j) ein Zimmer   _____
k) etwas Spezielles   _____

~~kochen~~   buchen   tun   besichtigen   zurückbringen
erleben   schließen   geben   fahren   werfen   ausmachen

8. Vervollständigen Sie die Sätze. 例にならって文を完成させなさい。

Bsp.: A: Du hast ja ein neues Mountainbike!

B: Ja, stimmt, ich habe es gekauft, _um bei der Tour fürs Klima mitzumachen._

a) A: Trinkst du auch gern Cola?

B: Ja, aber nie aus der Plastikflasche, _____.

b) A: Vergisst du auch oft, das Licht auszuschalten?

B: Nein, das schalte ich immer aus, _____.

c) A: Gehst du oft am Kinotag ins Kino?

B: Ja, das mache ich fast immer, _____.

d) A: Machst du auch beim Projekt „Fifty-Fifty" mit?

B: Ja, das mache ich, _____.

> weniger Taschengeld ausgeben   Plastikmüll reduzieren   Energie sparen
> umweltbewusster handeln   ~~bei der Tour fürs Klima mitmachen~~

r Kinotag 映画入場料割引の日

9. „Was machst du, um der Umwelt zu helfen?" Machen Sie eine Umfrage in der Klasse.
環境保護のためにしていることとその理由について、クラスでインタビューしなさい。

A. Tragen Sie die Antworten in die Tabelle ein. 答えを表に書き入れなさい。

Name	Was?	Warum?
Bsp.: Aya	oft Rad fahren	umweltbewusst handeln
ich		

B. Fassen Sie zusammen. 例にならって作文しなさい。

Bsp.: Aya fährt oft Rad, um umweltbewusst zu handeln.

_____
_____
_____
_____
_____

10. Wozu sollte man das tun? Schreiben Sie Sätze mit „um … zu …". 何のためにそうした方が
よいのか、その理由を下の語句から選び、um … zu … 構文を使って文を完成させなさい。

a) Man sollte regelmäßig Sport treiben, _____.

b) Man sollte den Computer über Nacht ausschalten, _____.

c) Man sollte duschen statt baden, _____.

d) Man sollte weniger Auto und mehr Zug fahren, _____.

Lektion 6

man sollte … …すべきなのだが、…した方がよいのだが [sollen の接続法 II 式（ここでは提案）]

regelmäßig 規則的な

weniger CO_2 produzieren   Wasser und Energie sparen

gesund bleiben   Strom sparen

● **11.** Woraus macht man das? Verbinden Sie.
どのゴミから何が再生されますか？適切なものを選び、線で結びなさい。

a) •   • 1) frische Erde

b) •   • 2) Biogas

c) •   • 3) neues Glas

d) •   • 4) neue Kleidung

e) •   • 5) neue Plastikprodukte

f) •   • 6) Toilettenpapier

g) •   • 7) Metalle

neu 新しい

12. Lesen Sie den Text „Das Fifty-Fifty Projekt" auf Seite 46 im LB und kreuzen Sie richtig (r) oder falsch (f) an. 教科書 46 ページの „Das Fifty-Fifty Projekt" を読んで、a) ～ g) の正しいものには r (richtig) に、間違いには f (falsch) に×をつけなさい。

                                                     r f

a) Im Projekt „Fifty-Fifty" geht es darum, die Schüler für die Umwelt zu sensibilisieren.   ☐ ☐

b) Die Schüler bekommen 100% der eingesparten Energiekosten zurück.   ☐ ☐

c) In der ersten Phase des Projekts sammeln die Schüler und Lehrer Ideen zur Energieeinsparung.   ☐ ☐

d) Die Schüler erfassen in der ersten Phase nur den Stromverbrauch.   ☐ ☐

e) In der dritten Phase setzen die Schüler die Ideen in Projekte um.   ☐ ☐

f) Das Geld können sie für Verbesserungen verwenden.   ☐ ☐

g) Das Ziel ist es, dass die Schüler umweltbewusster handeln.   ☐ ☐

es geht um (+4 格) (…⁴) が問題である　[4 格] für (+4 格) sensibilisieren (…⁴) に対する […⁴の] 意識を高める ●
e Einsparung, -en 節約、削減

13. Mülltrennung in Deutschland. Schauen Sie das Video an. Kreuzen Sie richtig (r) oder falsch (f) an.　ドイツのゴミの分別のビデオを見て、a) ～ i) の正しいものには r (richtig) に、間違いには f (falsch) に×をつけなさい。

                                                     r f

a) Jeder Deutsche produziert im Jahr etwa 540 kg Müll.   ☐ ☐

b) Mülltonnen haben verschiedene Farben.   ☐ ☐

c) Elektroschrott gibt man auf dem Wertstoffhof ab.   ☐ ☐

d) Alte Batterien gibt man in den Geschäften ab.   ☐ ☐

e) David wirft sein Fahrrad in die Mülltonne.   ☐ ☐

f) In Deutschland wird 80 Prozent des Mülls recycelt.   ☐ ☐

g) Kartons sind 100% aus Altpapier.   ☐ ☐

h) Auf dem Markt sind alle Lebensmittel verpackt.   ☐ ☐ ●

i) Im Biosupermarkt bekommt man Tüten aus Papier.   ☐ ☐

r Elektroschrott 家電廃棄物　　*r* Wertstoffhof, ..höfe 資源ゴミの集積所

1. Wie heißen die Körperteile? 体の部位の名称を書き入れなさい。

A. Der Körper

> r Kopf   r Fuß, ⁻e   s Knie, -   e Schulter, -n   s Bein, -e   ~~e Hand~~, ⁻e
> r Finger, -   e Brust   r Unterschenkel, -   r Oberarm, -e   e Zehe, -n
> r Hals   r Unterarm, -e   r Rücken   r Bauch   r Oberschenkel, -

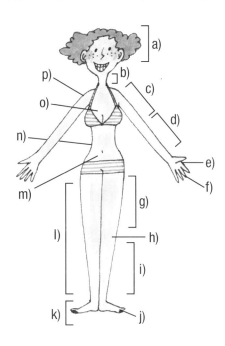

a) _____

b) _____

c) _____

d) _____

e) _die Hand, Hände_

f) _____

g) _____

h) _____

i) _____

j) _____

k) _____

l) _____

m) _____

n) _____

o) _____

p) _____

B. Das Gesicht

> e Lippe, -n   e Nase   s Ohr, -en   s Haar, -e   r Zahn, ⁻e
> r Mund   e Stirn   s Auge, -n   e Wimper, -n

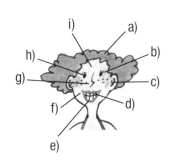

a) _____

b) _____

c) _____

d) _____

e) _____

f) _____

g) _____

h) _____

i) _____

41

2. „Was fehlt den Leuten?" Betrachten Sie die Bilder und antworten Sie.
どこの具合が悪いのですか、例にならって作文しなさい。

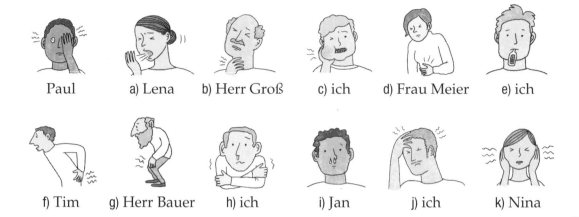

Paul　　a) Lena　　b) Herr Groß　　c) ich　　d) Frau Meier　　e) ich

f) Tim　　g) Herr Bauer　　h) ich　　i) Jan　　j) ich　　k) Nina

Bsp.: *Paul hat Augenschmerzen. Seine Augen tun weh. (Sein Auge tut weh.)*

a) _____
b) _____
c) _____
d) _____
e) _____
f) _____
g) _____
h) _____
i) _____
j) _____
k) _____

3. Was passt zusammen? Verbinden Sie. 適切な答えを選び、線で結びなさい。

a) Bist du krank?　　•　　　　•　1) Ich habe Halsschmerzen.
b) Was hast du denn?　　•　　　　•　2) Nein, noch nicht.
c) Möchtest du Orangensaft?　•　　　　•　3) Nein, ich habe kein Fieber.
d) Tut der Bauch weh?　　•　　　　•　4) Ja, und auch Husten.
e) Hast du Schnupfen?　　•　　　　•　5) Ich weiß nicht.
f) Warst du beim Arzt?　　•　　　　•　6) Nein, lieber Tee.
g) Hast du Fieber?　　•　　　　•　7) Nein, mein Kopf tut weh.

4. Gespräch beim Arzt. Ergänzen Sie. 空欄を補い、医者に診察してもらう会話を作りなさい。

A: Guten Tag, Frau Schmidt.
P: _____, Herr Doktor.
A: _____
P: Ich habe eine starke Erkältung und Kopfschmerzen.
A: Seit wann _____
P: _____（3日前から）
A: _____ gegen Erkältung und
   Kopfschmerzen.
P: _____
A: Auf Wiedersehen.

● 5. Gespräch in der Apotheke. Ergänzen Sie. 空欄を補い、薬局での会話を作りなさい。

A: Guten Tag, bitte schön.
K: _____, ich hätte gern _____
   _____（咳）
A: Haben Sie _____
K: Nein, ich habe keine Allergie.
A: Dann nehmen Sie _____（1日5回）
K: Gut, _____ Danke schön.

6. Was passt zusammen? Verbinden Sie die Satzteile.
   適切なものを選び、例にならって文を作りなさい。

● weil sein Kopf   weil sie (×3)   Zahnschmerzen hatte   starke Bauchschmerzen hat
   weil er (×2)   weil ihre Füße   weh tun   Fieber hatte   weh tut
                                      eine Erkältung hatten   Schnupfen haben

Bsp.: Peter kann heute nicht zum Unterricht kommen, weil sein Kopf weh tut.

a) Leon ist drei Tage im Bett geblieben, _____
b) Herr und Frau Fischer möchten nicht ins Konzert gehen, _____
c) Herr Meier möchte zum Arzt gehen, _____
d) Frau Schmidt kann nicht laufen, _____
e) Lisa hat gestern nicht zu Abend gegessen, _____
f) Tim und Jan haben nicht Fußball gespielt, _____

7. Dativ und Akkusativ. Ergänzen Sie. 例にならって、空欄に再帰代名詞の 4 格と 3 格を補いなさい。

A.   B.

waschen

ich   mich
(Akkusativ)
4 格

waschen

ich   mir   die Hände
(Dativ)   (Akkusativ)
3 格   4 格

4 格

ich	du	er/es/sie	wir	ihr	sie/Sie
			uns		

3 格

ich	du	er/es/sie	wir	ihr	sie/Sie
mir					

8. Ordnen Sie zu und bilden Sie dann Sätze. 空欄に語句を書き入れ、例にならって文を作りなさい。 ●

A.

> sich⁴ duschen   sich⁴ um|ziehen   sich⁴ waschen/baden   sich⁴ an|ziehen
> sich⁴ schminken   sich⁴ aus|ziehen   sich⁴ kämmen   sich⁴ rasieren

a) _sich anziehen_   b) _____   c) _____   d) _____

   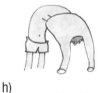

e) _____   f) _____   g) _____   h) _____

a) Anna _zieht sich an._ _____   b) Peter _____
c) Lisa _____   d) Ich _____
e) Jan _____   f) Ihr _____
g) Du _____   h) Wir _____

B.

sich³ die Hände waschen   sich³ die Haare föhnen   sich³ das Gesicht waschen
sich³ die Nägel schneiden   sich³ die Zähne putzen   sich³ die Haare waschen

a) _____   b) _____   c) _____

d) _____   e) _____   f) _____

a) Ich _____.   b) Die Kinder _____.
c) Ute _____.   d) Du _____.
e) Ihr _____.   f) Wir _____.

9. Schreiben Sie kurze Dialoge im Perfekt. 例にならって対話を作りなさい。

Bsp.: Vater: Hast du dich schon ausgezogen?
       Kind: Ja, ich habe mich schon ausgezogen. /
             Nein, ich habe mich noch nicht ausgezogen.

a) V: _____
    K: Ja, _____

b) V: _____
    K: Nein, _____

c) V: _____
    K: Ja, _____

d) V: _____
    K: Nein, _____

e) V: _____
    K: Ja, _____

10. Schreiben Sie Sätze. 例にならって作文しなさい。

A. Was macht Cora, bevor sie …?

Bsp.: Cora geht ins Bad und duscht sich. Dann frühstückt sie.

Cora geht ins Bad und duscht sich, bevor sie frühstückt.

bevor … …する前に〔従属接続詞〕

a) Sie frühstückt. Dann putzt sie sich die Zähne.

＿＿＿＿＿＿＿＿＿＿＿＿＿＿＿＿＿＿＿＿＿＿＿＿＿＿＿＿＿＿＿＿＿＿

b) Sie wäscht sich die Haare. Danach föhnt sie sich die Haare.

＿＿＿＿＿＿＿＿＿＿＿＿＿＿＿＿＿＿＿＿＿＿＿＿＿＿＿＿＿＿＿＿＿＿

c) Sie zieht sich an. Danach schminkt sie sich.

＿＿＿＿＿＿＿＿＿＿＿＿＿＿＿＿＿＿＿＿＿＿＿＿＿＿＿＿＿＿＿＿＿＿

d) Sie schminkt sich. Dann fährt sie zur Arbeit.

＿＿＿＿＿＿＿＿＿＿＿＿＿＿＿＿＿＿＿＿＿＿＿＿＿＿＿＿＿＿＿＿＿＿

B. Was macht Cora, nachdem sie …?

Bsp.: Cora steht auf. Dann geht sie ins Bad.

Cora geht ins Bad, nachdem sie aufgestanden ist.

nachdem … …した後で〔従属接続詞〕

a) Sie frühstückt. Dann putzt sie sich die Zähne.

＿＿＿＿＿＿＿＿＿＿＿＿＿＿＿＿＿＿＿＿＿＿＿＿＿＿＿＿＿＿＿＿＿＿

b) Sie wäscht sich die Haare. Danach föhnt sie sich die Haare.

＿＿＿＿＿＿＿＿＿＿＿＿＿＿＿＿＿＿＿＿＿＿＿＿＿＿＿＿＿＿＿＿＿＿

c) Sie zieht sich an. Danach schminkt sie sich.

＿＿＿＿＿＿＿＿＿＿＿＿＿＿＿＿＿＿＿＿＿＿＿＿＿＿＿＿＿＿＿＿＿＿

d) Sie schminkt sich. Dann fährt sie zur Arbeit.

＿＿＿＿＿＿＿＿＿＿＿＿＿＿＿＿＿＿＿＿＿＿＿＿＿＿＿＿＿＿＿＿＿＿

11. Interviewen Sie zwei Personen. 2人にインタビューしなさい。

A. Stellen Sie die drei Fragen und tragen Sie die Antworten in die Tabelle ein.
3つ質問をして、答えを表に書き入れなさい。

„Was machst du zuerst, nachdem du aufgestanden bist?"

Name	ich		
Was?			

„Wäschst du dir die Hände, wenn du nach Hause kommst?
  Was machst du dann noch?"

Name	ich		
Ja/Nein			
Was noch?			

„Und was machst du, bevor du ins Bett gehst?"

Name	ich		
Was?			

B. Fassen Sie zusammen. 例にならって作文しなさい。

Bsp.:

Name	Katja
Was?	sich waschen
Ja/Nein	Ja
Was noch?	sich umziehen
Was?	sich die Zähne putzen

Katja wäscht sich, nachdem sie aufgestanden ist.
Sie wäscht sich die Hände, wenn sie nach Hause kommt, und sie zieht sich um.
Sie putzt sich die Zähne, bevor sie ins Bett geht.

_____
_____
_____
_____
_____
_____
_____
_____

12. Lesen Sie den Text und antworten Sie. テキストを読んで、質問に答えなさい。

Kräutertee ist in Deutschland beliebt, wenn man krank ist. Aus vielen Kräutern, wie z.B. Pfefferminze oder Kamille, kann man einen Tee machen.
Kräutertee gibt es in Drogerien, Bioläden, Supermärkten oder online. Viele Leute pflanzen ihre Kräuter auch auf dem Balkon oder im Garten.
Pfefferminztee hilft bei Erkältungen oder Bauchschmerzen und Kamillentee gegen Halsschmerzen.
In Deutschland trinkt man Kräutertee, um gesund zu werden. Es gibt eine große Auswahl an verschiedenen Kräutertees.

pl Kräuter ハーブ　*e* Kamille, -n カモミール　*e* Drogerie, ..rien ドラッグストア　*e* Auswahl 選択、品数

a) Wann trinkt man in Deutschland Kräutertee?

_____

b) Wo kann man Kräutertee kaufen?

_____

c) Wofür ist Pfefferminztee gut? _____

d) Wofür ist Kamillentee gut? _____

e) Und Sie? Trinken Sie auch Kräutertee?

_____

13. Was macht man, wenn man krank ist? Schreiben Sie kurze Dialoge und geben Sie Ratschläge. 例にならって、助言を与える対話を作りなさい。

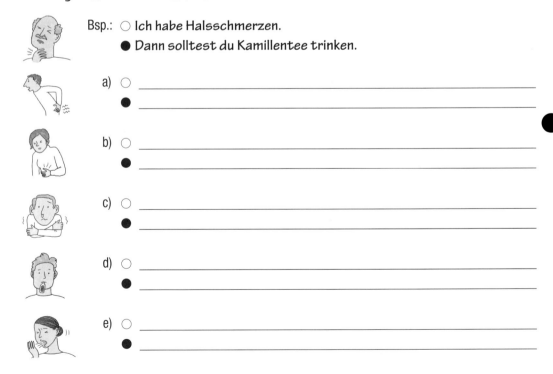

Bsp.: ○ Ich habe Halsschmerzen.
● Dann solltest du Kamillentee trinken.

a) ○ _____
● _____

b) ○ _____
● _____

c) ○ _____
● _____

d) ○ _____
● _____

e) ○ _____
● _____

1. **Wie heißt das auf Deutsch? Ordnen Sie zu.** 例にならって語を書き入れなさい。

> ~~pl Pralinen~~   r Kochtopf   r Schulranzen   e Zimmerpflanze
> e Uhr   s Buch   r Blumenstrauß   r Präsentkorb
> e Babykleidung   e Puppe   s Besteck-Set   pl Farbstifte

a) _die Pralinen_

b) _____

c) _____

d) _____

e) _____

f) _____

g) _____

h) _____

i) _____

j) _____

k) _____

l) _____

2. **Was schenken Sie?** 1の品物を使い、例にならって作文しなさい。

Bsp.: Zu Kaffee und Kuchen

Zu Kaffee und Kuchen schenke ich Pralinen.

a) Zum 70. Geburtstag

_____

b) Zur Hochzeit

_____

c) Zur Geburt

_____

d) Zum Schulanfang

_____

e) Zum Einzug

_____

3. Ergänzen Sie das Personalpronomen im Dativ. 人称代名詞 3 格を書きなさい。

ich	du	Sie	er	es	sie	wir	ihr	Sie	sie
mir									

4. Ergänzen Sie die Personalpronomen im Nominativ und Dativ.
例にならって人称代名詞の 1 格と 3 格を補いなさい。

a) Was schenkst du deinem Vater zum Geburtstag?
   – _Ich_ schenke _ihm_ eine CD.
b) Was schenken Sie Ihrem Lehrer zum Abschied?   *r* Abschied 別れ
   – _____ schenke _____ eine Uhr.
c) Was schenkt Peter seiner Freundin zum Geburtstag?
   – _____ schenkt _____ eine Kette.
d) Was schenkt Anna ihrem Freund zu Weihnachten?
   – _____ schenkt _____ eine Kamera.
e) Was schenkt ihr euren Eltern?
   – _____ schenken _____ eine Zimmerpflanze.

5. Ergänzen Sie das Possessivpronomen im Dativ. 所有冠詞 3 格を補いなさい。

	ich	du	Sie	er	es	sie	wir	ihr	Sie	sie
男性	meinem			seinem						
中性					seinem	ihrem		eurem		
女性			Ihrer				uns(e)rer			
複数		deinen								ihren

6. Ergänzen Sie die Possessivpronomen. 例にならって所有冠詞を補いなさい。

a) Was schenkt **er** _seiner_ Mutter zum Geburtstag?
b) Schenkst **du** _____ Freunden nichts zu Weihnachten?
c) **Ich** helfe _____ Vater beim Auto waschen.
d) Der neue Fernseher gefällt **mir** und _____ Schwester sehr gut.
e) **Wir** müssen am Wochenende _____ Eltern beim Umzug helfen.
f) Bitte geben **Sie** dieses Buch _____ Frau.
g) Was schenkt **ihr** _____ Großvater zum 80. Geburtstag?

7. Wem gehört das? 誰のものですか。例にならって作文しなさい。

Bsp.: *s* Buch / mein Bruder **Wem gehört _dieses Buch_? – _Das_ gehört _meinem Bruder_.**

a) *r* Rucksack / deine Schwester

   Wem gehört _____ ? – _____ **gehört** _____ .

b) *e* Uhr / unser Vater

   _____ – _____

c) *pl* Farbstifte / meine Tochter

   _____ – _____

d) *s* Lehrbuch / ich

   _____ – _____

8. Ergänzen Sie die Sätze. 空欄に適切な動詞を補いなさい。

a) _____ Ihnen die Schuhe?

   – Ja, sie _____ mir gut, aber sie _____ mir nicht. Sie sind zu klein.

b) Kannst du mir beim Aufräumen _____ ?

   – Nein, tut mir leid. Ich habe jetzt leider keine Zeit.

c) Wem _____ diese Tasche?

   – Ich glaube, sie _____ Anna. Und die Schuhe hier _____ auch ihr.

d) Schau mal, der Hut _____ sehr gut zu deiner Jacke.

e) Meine Frau _____ mir zum Geburtstag immer Socken.

> helfen   gefallen   passen   schenken   gehören

9. Ergänzen Sie die Sätze. 空欄を補いなさい。

sich[4] interessieren für (+4格)

a) Peter _____ _____ nicht _____ Sport. Er liest lieber Bücher.

b) _____ du _____ _____ japanische Literatur?

c) Wir _____ _____ _____ die Wohnung im ersten Stock. Ist sie noch frei?

d) Und Sie? Wofür interessieren Sie sich?

   – Ich _____

sich[3] [4格] wünschen

e) Die Kinder _____ _____ neue Computerspiele für Weihnachten.

f) Was _____ _____ Peter dieses Jahr zum Geburtstag?

   – Ein neues Handy.

g) Ich _____ _____ mehr Zeit mit der Familie. Und du?

   Was _____ du _____ ?

h) Und Sie? Was wünschen Sie sich zum Geburtstag?

   – Ich _____

sich⁴ freuen auf (＋4 格)

i) Alle Kinder _____ _____ _____ Weihnachten.

j) _____ du _____ auch _____ den Urlaub, Lukas?

  – Ja, klar! Ich _____ _____ besonders _____ den Strand und das Meer.

k) Anna _____ _____ _____ das Wiedersehen mit ihrer Freundin Paula.

l) Und Sie? Worauf freuen Sie sich?

  – Ich _____

10. Schreiben Sie Dialoge wie im Beispiel. 例にならって対話を作りなさい。（敬称・親称に注意！）

Bsp.: In der Boutique (**V**erkäufer und **K**unde) / *r* Rock

V: *Wie gefällt* <u>*Ihnen*</u> *der Rock?*

K: *Ich weiß nicht…* <u>*Rot*</u> *gefällt mir nicht. Haben Sie* <u>*den*</u> *auch in* <u>*Grün*</u>?

V: *Einen Moment… hier bitte.*

K: *Ja,* <u>*der*</u> *gefällt mir besser.*

V: *Der steht* <u>*Ihnen*</u> *ausgezeichnet.*　　　　[人³] stehen [⋯³ に]似合う

a) In der Boutique (zwei **F**reundinnen) / *e* Jacke

F1: *Wie gefällt* _____

F2: _____ … _____ (青)

  Gibt es _____ *auch in* _____ (黄色)

F1: *Ja, schau hier.*

F2: _____

F1: _____ *steht* _____ *super.*

b) In der Herrenabteilung (**V**erkäufer und **K**unde) / *s* T-Shirt

V: _____

K: _____ … _____ (緑)

  Haben Sie _____ (グレー)

V: _____

K: _____

V: _____ *steht* _____ *ausgezeichnet.*

c) Im Schmuckladen (**M**utter und **T**ochter) / *pl* Ohrringe

M: _____

T: _____ … _____ (茶色)

  Gibt es _____ (黒)

M: _____

T: _____

M: _____

11. Ergänzen Sie die Fragesätze und das Reflexivpronomen in der Antwort.
例にならって A、B の疑問文を作り、答えの文の再帰代名詞を補いなさい。

A. 物・状況 → Wo + (r) + 前置詞

a) Worüber freut er sich?　　　　　　　　Thomas freut sich über das Geschenk.

b) _____　　Wir ärgern _____ über den Regen.

c) _____　　Ich freue _____ auf das Wochenende.

d) _____　　Paul und Anna unterhalten _____ über
　　　　　　　　　　　　　　　　　　ihren Job.

e) _____　　Meine Mutter interessiert _____ für Sport.

B. 人 → 前置詞 + wen / wem

a) Auf wen freust du dich?　　　　　　　Ich freue mich auf meinen Bruder. Er kommt
　　　　　　　　　　　　　　　　　　am Sonntag aus Amerika zurück.

b) _____　　Wir ärgern _____ über den Professor. Er
　　　　　　　　　　　　　　　　　　gibt zu viele Hausaufgaben.

c) _____　　Paul und Anna unterhalten _____ mit ihren
　　　　　　　　　　　　　　　　　　Kindern. Die Kinder haben Probleme in der
　　　　　　　　　　　　　　　　　　Schule.

d) _____　　Thomas interessiert _____ für eine
　　　　　　　　　　　　　　　　　　Kommilitonin. Er möchte mit ihr ausgehen.

e Kommilitonin, -nen 同級生

C. Antworten Sie. 質問に答えなさい。

a) Worauf freuen Sie sich?

_____

b) Worüber ärgern Sie sich oft?

_____

c) Wofür interessieren Sie sich?

_____

d) Mit wem unterhalten Sie sich oft?

_____

e) Über wen ärgern Sie sich oft?

_____

12. Sie sind im Kaufhaus. Wo kann man was bekommen? Kreuzen Sie an.
あなたの欲しい物はデパートの何階で買えますか。該当するものに×をつけなさい。

7. Stock 🚻	Restaurant „Viking" (Fischspezialitäten)　　Café „Sonnenschein" (Kaffee+Kuchen / kleine Snacks)
6. Stock	Elektroartikel – Spielzeug – Kinderkleider – Fahrräder
5. Stock	Möbel – Vorhänge – Teppiche – Küchenartikel
4. Stock 🚻	Geschenkartikel – Uhren – Schmuck – Reiseartikel
3. Stock	Herrenmode – Herrenschuhe – Sportkleidung – Sportschuhe
2. Stock 🚺 🚼	Damenmode (Kostüme/Mäntel/Abendkleider) – Damenschuhe
1. Stock	Damenmode (Büro/Freizeit/Outdoor) – Parfüms – Kosmetikartikel
Erdgeschoss 🚻	Bücher – Zeitungen/Zeitschriften – Taschen – Schreibwaren Optiker – Blumen – Information
Untergeschoss	Supermarkt – Flaschenrückgabe – Schlüsseldienst

🚻 Toilette　　🚺 Frauentoilette　　🚼 Wickelraum 授乳室

a) Sie suchen Farbstifte zum Malen.
 ☐ 4. Stock
 ☐ 1. Stock
 ☐ Erdgeschoss

b) Sie brauchen für die Sommerferien eine Sonnencreme.
 ☐ 5. Stock
 ☐ 1. Stock
 ☐ Erdgeschoss

c) Sie möchten in die Oper und suchen ein passendes Kleid.
 ☐ 2. Stock
 ☐ 1. Stock
 ☐ 3. Stock

d) Sie brauchen ein neues Ladegerät für Ihre elektrische Zahnbürste.
 ☐ 5. Stock
 ☐ Erdgeschoss
 ☐ 6. Stock

e) Sie möchten sich ausruhen und etwas trinken.
 ☐ Untergeschoss
 ☐ 7. Stock
 ☐ 3. Stock

f) Sie spielen Fußball und brauchen neue Fußballschuhe.
 ☐ 3. Stock
 ☐ Untergeschoss
 ☐ 2. Stock

g) Sie bringen gebrauchte Bierflaschen zurück.
 ☐ Untergeschoss
 ☐ 7. Stock
 ☐ Erdgeschoss

h) Sie suchen ein neues Sofa für Ihr Wohnzimmer.
 ☐ 7. Stock
 ☐ 6. Stock
 ☐ 5. Stock

s Ladegerät, -e 充電器

Lektion 9   Lebenslauf und Schulsystem

1. Worträtsel – Was ist das? 例にならって欠けている文字を補いなさい。

a) G y mna s i um

b) H ___ pt ___ ule

c) Un ___ v ___ rsi ___ ___ t

d) A ___ ___ b ___ ___ ___ ___ ___ g

e) A ___ ___ tur

f) O ___ ___ ___ s ___ ___ ___ l ___

g) R ___ ___ lschulab ___ ___ ___ lu ___ ___

h) ___ r ___ ___ dsch ___ le

i) L ___ ___ ___ e

j) A ___ ___ n ___ ___ mepr ___ fung

k) Ge ___ ___ mt ___ ___ ___ ule

l) ___ ___ hulp ___ ___ ___ cht

2. Was passt zusammen? Schauen Sie sich das Schulsystem auf Seite 66 im LB an.

教科書 66 ページの表を参照して、左右を結び適切な文を作りなさい。

a) Nach dem Abitur kann man   •   • 1) 12 Jahre zur Schule gehen.

b) Bis zum Abitur muss man   •   • 2) mit 6 Jahren in die Grundschule.

c) Das Abitur kann man   •   • 3) die Schulzeit am längsten.

d) Nach dem Realschulabschluss kann man   •   • 4) 9 Jahre.

     • 5) sich für einen der drei Schultypen entscheiden.

e) Auf dem Gymnasium ist   •

f) Die Schulpflicht in Deutschland dauert   •   • 6) weiter zur Schule gehen oder eine Lehre machen.

g) Nach der Grundschule muss man   •   • 7) studieren.

h) 33% der Schüler machen   •   • 8) nur auf dem Gymnasium machen.

i) Die meisten Kinder kommen   •   • 9) das Abitur.

3. Beantworten Sie die Fragen zum Lesetext auf S.67 im LB in ganzen Sätzen.

教科書 67 ページの „Schulsystem in Deutschland" を読んで、質問に文で答えなさい。

a) Ist das Schulsystem überall in Deutschland gleich?

_____

b) Mit wie vielen Jahren kommen die Kinder in die Schule?

_____

c) Welche Möglichkeiten haben Schülerinnen und Schüler mit Realschulabschluss?

_____

_____

d) Was kann man machen, wenn man das Abitur hat?

_____

4. Präteritum Modalverben/haben/sein 話法の助動詞、haben、sein の過去形

A. Ergänzen Sie das Präteritum. 過去形を表に書き入れなさい。

	wollen	müssen	können	haben	sein
ich					
du					
er/sie/es					
wir					
ihr					
sie/Sie					

B. Ergänzen Sie die Verben im Präteritum. 話法の助動詞、haben または sein の過去形を補いなさい。

a) Paul _wollte_ Fußballer werden, weil er früher ein großer Fan von Messi _war_.

b) Wir _____ früher keine Handys und _____ immer eine Telefonkabine suchen.

c) Früher _____ ich gut Basketball spielen, aber jetzt bin ich zu alt dafür.

d) Was hat Peter am Wochenende gemacht? – Am Samstag _____ er für den Test lernen, aber am Sonntag _____ er ins Kino gehen.

e) _____ ihr am Wochenende zum Baseballspiel gehen?
   – Nein, wir _____ ein Referat schreiben.

f) Warum _____ du gestern nicht kommen? – Ich _____ jobben.

g) _____ du als Kind ein Instrument lernen?
   – Ja, ich _____ Klavier lernen, aber ich _____ keinen Spaß.

h) Ich _____ ein Eis essen, aber ich _____ kein Geld.

i) Ich _____ gestern nicht schlafen, weil ich Husten _____.

5. Präteritum regelmäßige Verben 規則動詞の過去形

A. Ergänzen Sie das Präteritum. 過去形を表に書き入れなさい。

	tanzen	reisen	spielen	kochen	machen
ich					
du					
er/sie/es					
wir					
ihr					
sie/Sie					

B. Ergänzen Sie die Verben im Präteritum. 適切な動詞の過去形を補いなさい。

a) Früher _____ die Kinder in der Pause auf dem Schulhof.

b) Karl _____ in seiner Jugend um die ganze Welt und lernte viele Leute kennen.

c) In unserer Studenten-WG _____ wir fast immer italienisch, meistens Pasta oder Pizza.

d) Anna _____ jeden Tag zwei bis drei Stunden Hausaufgaben.

e) Als Balletttänzerin _____ sie früher für das Bolschoi-Theater in Moskau.

f) Früher _____ wir oft Wanderungen in den Bergen.

g) Ich _____ vor fünf Jahren meinen Abschluss an der Universität.

h) Wir _____ durch Europa und besuchten viele schöne Städte.

6. Präteritum unregelmäßige Verben 不規則動詞の過去形

A. Ergänzen Sie das Präteritum. 過去形を表に書き入れなさい。

	singen	fahren	gehen	essen	treffen
ich					
du					
er/sie/es					
wir					
ihr					
sie/Sie					

B. Ergänzen Sie die Verben im Präteritum. 適切な動詞の過去形を補いなさい。

a) Als ich klein war, _____ wir im Sommer immer an die Ostsee.

b) Früher _____ ich mich oft mit Freunden im Sommer am See.

c) In ihrer Studentenzeit _____ Hanako oft in die Karaoke-Bar. Meistens _____ sie dann Lieder von Matsuda Seiko.

d) Früher _____ wir zum Frühstück oft Brötchen mit Marmelade.

e) Als Oberschüler _____ Takashi meistens zu Fuß in die Schule, aber manchmal _____ er auch mit dem Fahrrad.

f) Ich _____ früher im Schulchor.

7. Schreiben Sie Sätze. 例にならって文を作りなさい。

Bsp.: Maria / Balletttänzerin / tanzen
　　　Maria wollte Balletttänzerin werden, weil sie gerne tanzte.

a) Anna / Mechatronikerin / Autos mögen

_____

b) Andreas / Programmierer / sich für Computer interessieren

_____

c) Sabine / Bäckerin / gerne Brot essen

_____

d) Tim / Berufsfahrer / sein Vater Bus fahren

_____

e) Wolfgang / Gärtner / gern im Garten arbeiten

_____

8. Benutzen Sie die Tabelle unten und schreiben Sie Sätze.
　　下の表を使い、例にならって作文しなさい。

Berufe　　　Abschluss	Hauptschulabschluss	Realschulabschluss	Abitur + Studium
Bäcker/in	×		
Maler/in	×		
Krankenpfleger/in	×		
Polizist/in		×	
Bankangestellte/r		×	
Pilot/in			× ohne Studium
Zahnarzt/Zahnärztin			× Zahnmedizin
Lehrer/in			× Pädagogik

ohne Studium 大学での勉強なしに

Bsp.: **Um Bäckerin zu werden, muss man die Hauptschule besuchen.**　　(Bäckerin)

a) _____　(Maler)

b) _____　(Bankangestellte)

c) _____　(Polizist)

d) _____　(Pilotin)

e) _____ **auf das Gymnasium gehen und**
Zahnmedizin studieren.　　(Zahnarzt)

f) _____

_____　(Lehrerin)

9. Schreiben Sie kurze Dialoge. 例にならって対話を作りなさい。

Bsp.: Bücher

  Ich interessiere mich für Bücher. – Ach so. Dann werde doch Bibliothekar/in.

a) Computer

  _____

  – _____

b) Blumen

  _____

  – _____

c) Krimis und Romane

  _____

  – _____

d) die Arbeit mit Jugendlichen

  _____

  – _____

10. „Wofür interessierst du dich?" „Was möchtest du gerne werden?" Interviewen Sie drei Personen. 何に関心があり、何になりたいか、3人にインタビューしなさい。

A. Tragen Sie die Antworten in die Tabelle ein. 結果を表に書き入れなさい。

Name	ich			
Interesse				
Berufswahl				

B. Fassen Sie zusammen. 例にならって作文しなさい。

Bsp.:

Name	Yuki
Interesse	Skifahren
Berufswahl	Skilehrerin

Yuki interessiert sich für Skifahren. Sie möchte gerne Skilehrerin werden.

Ich _____

  _____

  _____

  _____

  _____

  _____

11. **Ordnen Sie den Dialog.** 対話を正しい順に並べなさい。

An einer japanischen Uni.

(A: Austauschstudentin aus Deutschland, J: Japanischer Student)

(   )   A: Bis Ende Semester. Dann muss ich zurück an meine Uni in Freiburg.

(1)   J: Sag mal, wie lange bleibst du denn noch hier in Japan?

(   )   J: Wie lange musst du noch studieren?

(   )   A: Nein, warum? Mit dem Abitur konnte ich ohne Prüfung an die Uni.

(   )   J: Echt? Ich musste dreimal pro Woche in die Nachhilfeschule, um für die Aufnahmeprüfung zu pauken. Das war wirklich hart.

(   )   A: Noch 4 Semester, dann kann ich den Bachelor-Abschluss machen.

(   )   J: War es schwierig, an deine Uni zu gehen?

e Nachhilfeschule 塾   pauken 詰め込み勉強する   hart sein 大変である

12. **Lesen Sie „Peters Schulzeit" auf Seite 68 im LB.**
教科書 68 ページの „Peters Schulzeit" を読んで、設問に答えなさい。

A. **Beantworten Sie die Fragen.** 質問に答えなさい。

a) Hat Peter in der Mittagspause immer ein Käsebrötchen gegessen?

_____

b) Um wie viel Uhr war der Unterricht zu Ende?

_____

c) Wie lange hat er Hausaufgaben gemacht?

_____

d) Was hat er nach den Hausaufgaben gemacht?

_____

e) Hat er allein zu Abend gegessen?

_____

f) Hat er vor dem Schlafen noch Hausaufgaben gemacht?

_____

B. **Schreiben Sie einen Text im Präteritum über Ihre Schulzeit.**
過去形を使って、あなたの高校時代について作文しなさい。

_____
_____
_____
_____
_____

1. **Ergänzen Sie die Texte.** 設問に答え、空欄を補って文を完成させなさい。

a) Was ist Ihre Lieblingsapp? Zeichnen Sie das Logo der App.

Meine Lieblingsapp heißt _____

Das ist eine App zum _____

Damit kann man _____

b) Denken Sie sich eine neue App aus. Zeichnen Sie auch das Logo der App.

Das ist meine App.

Sie heißt _____

_____

sich [4 格] aus|denken [⋯⁴ を] 考え出す

2. **Schreiben Sie in „damit"-Sätze um.** 例にならって damit を使った副文に書き換えなさい。

Bsp.: Ich höre morgens Radio, um besser aufstehen zu können.

Ich höre morgens Radio, damit ich besser aufstehen kann.

a) Er hat einen neuen Internet-Provider, um schneller streamen zu können.

_____

b) Wir müssen mehr Übungen machen, um besser Deutsch sprechen zu können.

_____

c) Du musst lustige Fotos posten, um mehr Follower zu bekommen.

_____

d) Opa hat jetzt auch Internet, um mit seinen Enkeln chatten zu können.

_____

e) Ich benutze oft YouTube Tutorials, um neue Rezepte ausprobieren zu können.

_____

r Opa, -s おじいちゃん *r* Enkel, - 孫 *s* Rezept, -e レシピ aus|probieren 試してみる

3. **Ergänzen Sie die Sätze wie im Beispiel.** 例にならって空欄を補いなさい。

runterladen checken ~~aufwachen~~ lernen arbeiten

a) ___Zum Aufwachen___ am Morgen benutze ich einen großen Wecker.

b) _____ einer Fremdsprache ist ein Wörterbuch nützlich.

c) _____ der vielen E-Mails braucht er jeden Morgen eine Stunde.

d) _____ im Café benutze ich mein Tablet.

e) _____ von langen Videos ist schnelles Internet wichtig.

4. Ergänzen Sie die Verben. 適切な動詞を補いなさい。

liken   posten   surfen   bloggen   skypen   googeln   mailen   chatten   streamen

a) Ich muss nächste Woche ein Referat über den 2. Weltkrieg halten.
   Ich werde im Internet nach Informationen _____.

b) Tim verbringt jeden Tag Stunden auf TikTok, um sich lustige Videos
   anzusehen und sie zu _____, wenn sie ihm gefallen.

c) Anne _____ jeden Tag auf sozialen Netzwerken neue Posts für ihre
   Follower.

d) Deutsche _____ in ihrer Freizeit täglich mehrere Stunden im Internet.

e) Ich _____ am Wochenende oft Filme und Serien online, um mich zu
   entspannen.

f) Mariko und ihre Freunde nutzen jeden Morgen vor der Schule ihre Zeit,
   um auf LINE zu _____.

g) Peter _____ seinem Lehrer, dass er heute nicht zum Unterricht
   kommen kann.

h) Am Wochenende _____ ich häufig mit meinen Eltern.

i) Emma hat auf Facebook eine Reiseseite. Dort _____ sie über ihre
   Erfahrungen und Abenteuer beim Reisen.

r Weltkrieg, -e 世界大戦   sich entspannen くつろぐ、リラックスする   *s* Abenteuer, - 冒険

5. Mit wie vielen Jahren …? 例にならって作文しなさい。

Bsp.: deine erste Auslandsreise machen

   Mit wie vielen Jahren hast du deine erste Auslandsreise gemacht?
   – Ich habe mit 6 Jahren meine erste Auslandsreise gemacht.

a) dein erstes Handy bekommen

   _____

   – _____

b) das erste Mal jobben

   _____

   – _____

c) das erste Mal fliegen

   _____

   – _____

d) das erste Mal ins Kino gehen

   _____

   – _____

6. Wie heißt das auf Deutsch? Ergänzen Sie die Nummer. Was kann man damit machen?
Verbinden Sie. ドイツ語に該当するイラストの番号を書き入れ、それを使って何ができるか、a) 〜 h)
から適切なものを選び、線で結びなさい。

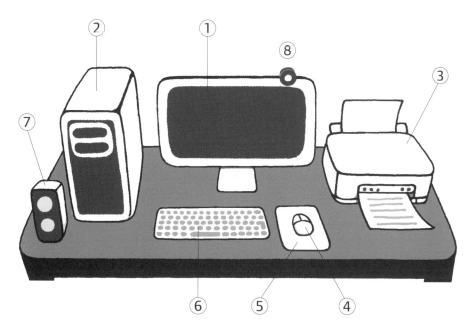

(   ) *r* Bildschirm   ·

(   ) *r* Lautsprecher ·

(   ) *r* Rechner   ·

(   ) *r* Drucker   ·

(   ) *e* Tastatur   ·

(   ) *e* Maus   ·

(   ) *e* Mausmatte ·

(   ) *e* Webkamera ·

·   a) Darin sind der Prozessor und die Harddisk.

·   b) Darauf kann man die Maus bewegen.

·   c) Darauf kann man Texte oder Bilder sehen.

·   d) Damit kann man den Cursor bewegen.

·   e) Damit kann man Videochats machen.

·   f) Damit kann man Texte eingeben.

·   g) Damit kann man Texte oder Bilder
auf Papier drucken.

·   h) Damit kann man Audiodateien hören.

7. Wozu verwendet man was? Verbinden Sie. 適切なものを選び、線で結びなさい。

a) Ich höre morgens gerne Radio,

b) Ich lese jeden Tag die Zeitung,

c) Viele Leute haben ein Handy,

d) Abends sehe ich eine Stunde fern,

e) Meine Oma hat jetzt auch Internet,

f) Ich habe meiner Freundin ein
Netflix Abonnement geschenkt,

1) damit sie mir E-Mails schicken kann.

2) um überall telefonieren zu können.

3) um besser aufzuwachen.

4) um mich zu entspannen.

5) damit sie Filme sehen kann.

6) um immer gut informiert zu sein.

s Abonnement, -s サブスクリプション

8. Schreiben Sie die Aktivsätze in Passivsätze um. 能動文を受動文に書き換えなさい。

A. Schreiben Sie im Passiv-Präsens. 例にならって現在形の受動文を作りなさい。

Bsp.: Jemand mobbt einen Mitschüler.　**Ein Mitschüler wird gemobbt.**

a) Jemand checkt die E-Mails. _____

b) Jemand streamt ein Video. _____

c) Jemand googelt Yo Oizumis Namen.

_____

d) Jemand postet einen Kommentar auf Twitter.

_____

e) Jemand likt den Kommentar. _____

B. Schreiben Sie im Passiv-Perfekt. 例にならって、A の文を完了形に書き換えなさい。

Bsp.: **Ein Mitschüler ist gemobbt worden.**

a) _____

b) _____

c) _____

d) _____

e) _____

C. Schreiben Sie Passivsätze mit dem Modalverb „können".
例にならって、können を使った受動文に書き換えなさい。

Bsp.: **Mit dem Handy kann ein Mitschüler gemobbt werden.**

a) **Mit dem Handy** _____

b) **Mit dem** _____

c) **Mit** _____

d) _____

e) _____

9. Schreiben Sie wie im Beispiel. 例にならって作文しなさい。

A. Person → von + Dativ 受動文の動作主（人）は von (+3 格)

Bsp.: Hotelboy / Koffer / aufs Zimmer tragen
　　　Der Hotelboy trägt die Koffer aufs Zimmer.
　　　Die Koffer werden vom Hotelboy aufs Zimmer getragen.

a) Mechatroniker / Auto / reparieren

_____

_____

b) Bäckerin / Brot / backen

_____

_____

c) Diebe / Schmuck / stehlen

_____

_____

d) Ärztin / Medikament / empfehlen

_____

_____

r Dieb, -e 泥棒　stehlen 盗む → gestohlen　empfehlen → empfohlen

B. Mittel/Instrument/Ursache → durch + Akkusativ　受動文の手段・器具・原因は durch（＋4格）

Bsp.: Regen / Feuer / löschen
   Der Regen löscht das Feuer.
   Das Feuer wird durch den Regen gelöscht.

a) Erdbeben / Stadt / zerstören

_____

_____

b) Prüfung / Semesternoten / beeinflussen

_____

_____

c) Notoperation / Patientin / retten können

_____

_____

s Feuer 火　löschen 消す　*s* Erdbeben, - 地震　zerstören 破壊する　*e* Note, -n（成績の）評点
beeinflussen 影響を及ぼす　*e* Notoperation, -en 緊急手術　retten 救う

10. Welcher Satz passt zu dem Verb? 動詞の意味を表している文に×をつけなさい。

a) mitbekommen
   ☐ Peter hat von seinem Vater ein Auto bekommen.
   ☐ Peter hat gehört, dass seine Eltern ein neues Auto kaufen.
b) ausgrenzen
   ☐ Für Minderheiten ist es in vielen Ländern noch immer schwierig,
     am politischen Leben teilzunehmen.
   ☐ Außerhalb der Grenzen Japans sprechen nur wenige Leute japanisch.
c) sich zusammenschließen
   ☐ Peter und Anna schließen gemeinsam die große schwere Kirchentür.
   ☐ Peter und Anna sind beide Software-Entwickler. Nun wollen sie gemeinsam
     ein Start-up gründen.

e Minderheit 少数　*e* Grenze 国境　Entwickler/in 開発者　*s* Start-up 新会社　gründen 設立する

11. Jugendliche und Medien. Lesen Sie den Text, unterstreichen Sie die Fehler in den Sätzen a) - f), und korrigieren Sie sie.
テキストを読んで、例にならって a)〜f) の間違いに下線を引き、正しい内容に書き直しなさい。

Chatten, am Computer spielen, sich informieren? Wie nutzen Jugendliche und junge Erwachsene in Deutschland Medien wie Fernsehen, Radio, Computer und Handy? Experten sind quer durch Deutschland gereist und haben dazu mehr als 1200 Jugendliche zwischen 12 und 19 Jahren befragt.

Das Ergebnis: Alle befragten Jugendlichen haben zu Hause einen Computer oder einen Laptop. Fast jeder Jugendliche hat inzwischen auch ein Smartphone. Damit kann er unterwegs ins Internet gehen. In Deutschland besitzen sogar 21 Prozent der Kinder im Alter von 6 bis 9 Jahren ein eigenes Smartphone.

Und wofür benutzen Jugendliche die Medien besonders gerne? Klar, Musik hören und mit Freunden in sozialen Netzwerken chatten. Aber fast alle Jugendliche chillen auch oft mit Freunden oder machen Sport, obwohl sie einen Fernseher, ein Handy oder Internet haben.

chillen チルする、のんびりする

Bsp.: Experten haben <u>weniger</u> als 1200 junge Menschen befragt.
   Experten haben mehr als 1200 junge Menschen befragt.

a) Experten haben die Jugendlichen telefonisch befragt.
   _____

b) Die befragten Jugendlichen sind unter 18 Jahren.
   _____

c) Fast alle haben einen Computer oder einen Laptop zu Hause.
   _____

d) 21 Prozent der Jugendlichen haben ein eigenes Smartphone.
   _____

e) Die Jugendlichen benutzen die Medien besonders gerne, um Filme zu sehen.
   _____

f) Sie chatten oft in Netzwerken, aber chillen nicht gern mit Freunden.
   _____

12. Was machen Sie mit dem Smartphone und dem Computer? Und wie oft?
スマートフォンとコンピューターで何をするか、また、どれくらいするかを作文しなさい。

   _____
   _____
   _____
   _____

1. Schreiben Sie Sätze wie im Beispiel. 例にならって作文しなさい。

A.

Bsp.: er / Fußball spielen / keine Zeit haben
      Er würde gern Fußball spielen, aber er hat keine Zeit.

a) du / ein Auto kaufen / kein Geld haben

_____

b) wir / ins Konzert gehen / ausverkauft sein

_____

c) ich / mein Buch lesen / die Brille vergessen haben

_____

B.

Bsp.: Ich kann nicht mit dir ins Konzert gehen. Ich habe leider keine Zeit.
      Ich würde gern mit dir ins Konzert gehen, aber ich habe leider keine Zeit.

a) Ich kann nicht mit dir nach Paris fahren. Ich habe leider keinen Urlaub mehr.

_____

b) Er kann kein Taxi nehmen. Er hat leider nicht genug Geld.

_____

c) Wir können euch nicht alle einladen. Unsere Wohnung ist leider nicht groß genug.

_____

d) Du kannst keine Milch trinken. Du hast leider eine Milchallergie.

_____

2. Bilden Sie irreale Wunschsätze im Konjunktiv II.
例にならって、非現実的な願望（…ならいいのに）を表す文を作りなさい。

Bsp.: „Ich **bin** jetzt in Berlin."
      „Ach, wenn ich doch jetzt auf Hawaii wäre."

a) „Ich **habe** kurze Beine."
      „Ach, _____ "

b) „Das Wetter **ist** schlecht."
      „Ach, _____ "

c) „Ich **kann** nicht gut Englisch sprechen."
      „Ach, _____ "

d) „Ich **muss** Hausaufgaben machen."
      „Ach, _____ "

3. Was würden Sie machen? Schreiben Sie die Sätze wie im Beispiel um.
例にならって文を書き換えなさい。

Bsp.: Peter spricht nicht mit dem Klassenlehrer, obwohl er in der Schule oft
gemobbt wird.
1) *Wenn ich Peter wäre, würde ich mit dem Klassenlehrer sprechen.*
2) *Ich an seiner Stelle würde mit dem Klassenlehrer sprechen.*

a) Martina geht in keinen Sportverein, obwohl sie gerne Sport macht.
1) _____
2) _____

b) Ich grille immer alleine im Garten, obwohl ich viele Freunde habe.
1) _____
2) _____

c) Tim und Anna wandern meistens am Meer, obwohl sie die Berge lieben.
1) _____
2) _____

d) Takashi kocht oft chinesisch, obwohl er lieber italienisch isst.
1) _____
2) _____

4. Bilden Sie irreale Bedingungssätze im Konjunktiv II. 例にならって作文しなさい。

Bsp.: Dein Bruder hat jetzt keine Zeit. Er kann nicht mit dir Videospiele spielen.
Wenn dein Bruder jetzt Zeit hätte, könnte er mit dir Videospiele spielen.

a) Paul hat keinen Hunger. Er isst nur wenig. (wenig ⇄ viel)

_____

b) Tom muss arbeiten. Er kann nicht mit seinen Freunden in Urlaub fahren.

_____

c) Ich interessiere mich nicht für Fußball. Ich schaue das WM-Endspiel nicht.

_____

d) Anna ist erkältet. Sie geht nicht ins Theater.

_____

e) Ich habe heute nicht Geburtstag. Ich mache keine Party.

_____

f) Peter hat zu Hause kein Klavier. Er kann zu Hause nicht üben.

_____

5. Drücken Sie sich höflich aus und ergänzen Sie „wäre", „hätte", „würde" oder „könnte".
例にならって丁寧な表現を補いなさい。

a) ___Hättest___ du gern ein Brötchen?
b) _____ du mir das Salz geben?
c) Wie _____ es mit einem Fahrradhelm?
d) _____ ihr mir helfen?
e) Ich _____ gern ein Medikament gegen Kopfschmerzen.
f) _____ Sie mir die Mülltrennung erklären?
g) Ich _____ eine Frage.
h) Wie _____ es, wenn wir heute etwas früher Schluss machen?
i) _____ du mir bitte meine Brille bringen?

6. Ergänzen Sie mit der richtigen Präposition. 前置詞を補いなさい。

| für | über (2x) | nach | vor | seit | in (2x) | am |

a) Ich singe _____ einem Chor. Wir üben _____ zwei Monaten _____ das Osterkonzert.
b) _____ einem Jahr hatte ich einen Skiunfall. Jetzt mache ich nur noch Langlauf.
c) Früher habe ich Fußball gespielt, aber das ist _____ 40 Jahre her.
d) _____ einer Woche beginnen die Schulferien, dann fahren wir _____ Spanien.
e) _____ Montag gibt es einen Vortrag _____ die Traditionen der Ainu.

r Unfall, ..̈e 事故　r Langlauf クロスカントリースキー

7. Beantworten Sie die Fragen zum Text „Wanderland Deutschland" auf Seite 84 im LB.
教科書 84 ページの „Wanderland Deutschland" を読んで、下の問いに答えなさい。

a) Warum macht Wandern Spaß?

_____

b) Wo wandern die meisten Deutschen?

_____

c) Wo übernachtet man auf Fernwanderwegen?

_____

d) Was ist besonders wichtig bei langen Wanderungen?

_____

e) Was benutzen heute viele Wanderer zur Orientierung?

_____

8. Videochat mit Freunden. Ergänzen Sie die Sätze. 前置詞を補いなさい。

	Woher?	Wo?	Wohin?
場所 / 建物	aus + 3	in + 3	in + 4
活動	vom	beim	zum
人	von/vom	bei/beim	zu/zum

a) *Hallo Kira! Was machst du denn gerade so?*
   Ich komme gerade _____ Sport. Ich war im Fitness-Studio.
   Jetzt bin ich _____ Anna. Wir machen zusammen Hausaufgaben.
   Und danach gehen wir _____ Tanzen in einen Club.

b) *Hallo Lars! Was machst du denn gerade so?*
   Ich komme gerade _____ dem Kino. Der neue Film von Colin Farrell ist
   aber nicht so toll.
   Jetzt bin ich _____ Supermarkt. Ich muss noch ein paar Dinge einkaufen.
   Und danach gehe ich _____ die Bibliothek und lerne für den Test.

c) *Hallo Emil, hallo Lena! Was macht ihr denn gerade so?*
   Wir kommen gerade _____ Lara. Wir haben _____ ihr zu Mittag
   gegessen.
   Jetzt sind wir _____ Joggen. Man muss ja etwas für die Gesundheit machen.
   Und später gehen wir dann noch _____ Paul. Er hat heute Geburtstag und
   macht eine Party.

9. Unterstreichen Sie die Häufigkeitsadverbien und verbinden Sie die Sätze mit ähnlicher
   Bedeutung. 頻度を表す副詞に下線を引き、似たような意味を持つ文を線で結びなさい。

a) Von morgens bis abends höre
   ich ständig K-Pop.

b) Wir üben jeden Tag für das
   Konzert.

c) Sie gehen mehrmals pro Woche
   ins Schwimmbad.

d) Viele Väter haben kaum Zeit
   für die Familie.

e) Niemals geht sie abends alleine
   durch den Park.

1) Als Berufsfußballer muss man
   täglich trainieren.

2) Er sitzt die ganze Zeit im Zimmer
   und liest Bücher.

3) Sie fahren nie mit dem Bus zur Uni.

4) Wir essen selten im Restaurant.

5) Ich sitze oft im Café und lese
   Zeitung.

10. Formulieren Sie die E-Mail höflicher. メールをより丁寧な文に書き換えなさい。

Lieber Jan,

wie geht es dir? Ich habe eine Bitte. Kannst du mir helfen? Ich brauche Musiknoten, die man hier in Japan nicht kaufen kann. Hast du Zeit, einmal in eurem Musikgeschäft zu fragen? Ist es möglich, dass du mir die Noten mit der Post schickst? Das ist nett von dir.
Ich bezahle die Noten und das Porto natürlich.
Vielen Dank und liebe Grüße
Laura

pl. (Musik)noten 楽譜

Lieber Jan,

wie geht es dir? Ich hätte eine Bitte. _____

_____

_____

_____

Vielen Dank und liebe Grüße
Laura

11. Sehen Sie sich das Video „Urlaub" an. ビデオを見て、設問に答えなさい。

A. Kreuzen Sie richtig (r) oder falsch (f) an.
a) ～ e) の正しいものには r (richtig) に、間違いには f (falsch) に×をつけなさい。

	r	f
a) Schulferien gibt es in Deutschland nur im Sommer und Winter.	☐	☐
b) Die Deutschen fahren mit verschiedenen Verkehrsmitteln in den Urlaub.	☐	☐
c) Die Deutschen machen selten Urlaub in Deutschland. Sie fliegen lieber ins Ausland.	☐	☐
d) Garmisch-Partenkirchen ist bei vielen Deutschen ein beliebter Urlaubsort.	☐	☐
e) Garmisch-Partenkirchen ist toll für Aktivurlaub in der Natur.	☐	☐

s Verkehrsmittel, - 交通機関

B. Sehen Sie sich das Video noch einmal an und ergänzen Sie die Lücken.
もう一度ビデオを見て、a) ～ f) の空欄を補いなさい。

a) 50% der Deutschen macht _____ pro Jahr eine Urlaubsreise.
b) Das beliebteste Urlaubsland ist _____.
c) Nina und David machen Urlaub in den _____.
d) Garmisch-Partenkirchen ist ideal für einen _____.
e) _____ besteht aus Langlauf und Schießen.
f) David fährt nächstes Jahr an die _____.

s Schießen ライフル射撃

71

12. „Was würdest du …, wenn du …?" Fragen Sie Ihre/n Partner/in.

質問を二つ考えて表左下の空欄に語彙を書き加え、パートナーに質問しなさい。

A. Tragen Sie die Antworten in die Tabelle. 答えを表に書き入れなさい。

	ich	Partner/in
machen Deutsche/r sein		
machen nicht arbeiten müssen		
mitnehmen auf eine einsame Insel fahren		
machen Frau / Mann sein		
machen im Lotto gewinnen		

einsam 人のいない　*e* Insel, -n 島

B. Fassen Sie zusammen. 例にならって作文しなさい。

Bsp.:

	Ryota
machen Millionär/in sein	einen Ferrari kaufen

Millionär/in 百万長者

Wenn Ryota Millionär wäre, würde er einen Ferrari kaufen.

Wenn ich _____

_____

_____

_____

_____

_____

_____

_____

_____

_____

Feste und Feiertage

1. Schreiben Sie die beiden Sätze zu einem Relativsatz. 例にならって関係文を作りなさい。

A. Nominativ（1 格）

　Bsp.: Das ist eine Freundin. Sie kommt aus München.
　　　Das ist eine Freundin, die aus München kommt.

a) Ich besuche über Neujahr meinen Freund. Er wohnt in Paris.

　_____

b) Karneval ist ein Fest. Das Fest wird besonders im Rhein-Main-Gebiet gefeiert.

　_____

c) Schokoladeneier sind Ostereier. Sie werden aus Schokolade gemacht.

　_____

d) Ostern ist ein Fest. Es dauert mehrere Tage.

e) Wir basteln heute einen Osterkranz. Der Osterkranz wird an die Tür gehängt.

　_____

f) Bernd schreibt eine Weihnachtskarte. Die Weihnachtskarte wird nach Japan geschickt.

　_____

B. Akkusativ（4 格）

　Bsp.: Das ist mein Freund. Ich habe ihn zu Ostern eingeladen.
　　　Das ist mein Freund, den ich zu Ostern eingeladen habe.

a) Das ist meine Hexen-Maske. Ich trage sie beim Karneval.

　_____

b) Das sind Schokoladeneier. Ich habe sie im Garten gefunden.

　_____

c) Der 1. Mai ist ein Festtag. Man feiert ihn mit Tanz und Maibowle.

　_____

d) Das ist mein Adventskalender. Ich habe ihn von meiner Mutter bekommen.

　_____

e) Raclette ist ein Gericht aus Käse. Man isst es gerne mit Freunden zusammen.

　_____

f) Ich esse gern Osterbrot. Meine Mutter hat es gebacken.

　_____

C. Dativ (3格)

Bsp.: Das ist mein Freund. Ich backe mit ihm ein Osterbrot.
Das ist mein Freund, mit dem ich ein Osterbrot backe.

a) Karneval ist ein Fest. Bei dem Fest verkleidet man sich.

_____

b) Ostern und Weihnachten sind Feste. An diesen Festen geht man in die Kirche.

_____

c) Martin liest ein Buch. In dem Buch stehen viele Weihnachtsgeschichten.

_____

d) Das ist meine Freundin. Ich feiere mit ihr Silvester.

_____

e) Klara hat einen Sohn. Sie schenkt ihm zu Weihnachten ein Pokemon-Monster.

f) Am Silvesterabend kommen viele Gäste. Unser traditionelles Silvestermenü schmeckt ihnen sehr.

_____

stehen 載っている

2. **Ergänzen Sie die Relativpronomen.** 関係代名詞を補いなさい。

a) „Seijin no hi" ist eine Zeremonie für alle, _____ in dem Jahr 20 Jahre alt werden.

b) „Tennotanjobi" ist der Tag, an _____ der Kaiser geboren ist.

c) „Hinamatsuri" ist ein Fest, _____ am 3. März gefeiert wird und an _____ Puppen aufgestellt werden.

d) „Shunbun no hi" ist der Tag, an _____ das Frühjahr anfängt.

e) „Kenpokinenbi" ist der Tag, an _____ an die Verfassung erinnert wird.

f) „Tanabata" ist ein Fest, _____ am 7. Juli gefeiert wird.

g) „Shichigosan" ist ein Fest für alle Kinder, _____ gerade 7, 5 und 3 Jahre alt sind.

h) „Keiro no hi" ist der Tag, an _____ ältere Menschen geehrt werden.

i) „Keiro no hi" ist ein Feiertag, _____ auf den dritten Montag im September fällt.

j) „Umi no hi" und „Sporttag" sind Feiertage, _____ immer auf einen Montag fallen.

ehren 尊敬する   auf (+4格) fallen (日付が) (…⁴ に) 当たる

3. Schreiben Sie Sätze. 例にならって文を作りなさい。

Bsp.: Sophie / ihr Zimmer aufräumen / Lust haben / heute
   Sophie hat heute Lust, ihr Zimmer aufzuräumen.

a) ich / zu meinen Eltern fahren / nächste Woche / Zeit haben
   _____

b) ihr / heute Abend / Lust haben / ? / fernsehen
   _____

c) Simon / morgens / früh aufstehen / keine Lust haben
   _____

d) wir / keine Zeit haben / am Freitag / einkaufen gehen
   _____

e) du / alleine nach Hause gehen / ? / Angst haben / spät abends
   _____

4. Formulieren Sie die Sätze in direkte Rede um. 例にならって直接話法に書き換えなさい。

A.

Bsp.: Peter möchte wissen, wann wir den Weihnachtsbaum kaufen.
   Peter fragt: „Wann kauft ihr den Weihnachtsbaum?"

a) Sabine fragt uns, um wie viel Uhr wir kommen.
   _____

b) Ayaka möchte wissen, was man in Deutschland an Weihnachten isst.
   _____

c) Martin fragt mich, wie ich Neujahr feiere.
   _____

d) Mein Vater möchte wissen, wann ich zum Weihnachtsmarkt gehe.
   _____

B.

Bsp.: Jens und Uwe fragen, ob es in Japan an Silvester ein Feuerwerk gibt.
   Jens und Uwe fragen: „Gibt es in Japan an Silvester ein Feuerwerk?"

a) Ayaka möchte wissen, ob man in Deutschland am 24.12. arbeiten muss.
   _____

b) Hitomi fragt, ob wir Weihnachten mit Freunden feiern.
   _____

c) Herr Müller fragt Frau Maier, ob sie an Silvester ins Konzert geht.
   _____

d) Taro möchte wissen, ob man in Deutschland Neujahr wie in Japan feiert.
   _____

5. Paul lädt Nina zum Abendessen ein. Er hat ein paar Fragen.
例にならって、パウルの質問を間接話法に書き換えなさい。

Bsp.: „Hast du morgen Abend Zeit?"

a) „Um wie viel Uhr kannst du kommen?"
b) „Bringst du Getränke mit?"
c) „Wie kommst du zu mir?"
d) „Kennst du den Code für den Hauseingang noch?"

Bsp.: Paul fragt, *ob* Nina morgen Abend Zeit hat.

a) Paul möchte wissen, _____
b) Paul _____, _____
c) _____, _____
d) _____, _____ ●

6. Lesen Sie den Text „Silvesterbräuche in Deutschland" auf Seite 89 im LB und kreuzen Sie richtig (r) oder falsch (f) an. 教科書89ページの „Silvesterbräuche in Deutschland" を読んで、a) ～ f) の正しいものには r (richtig) に、間違いには f (falsch) に×をつけなさい。

	r	f
a) Die Deutschen feiern Silvester mit der Familie.	☐	☐
b) Man isst auch oft Linsensuppe, weil man sich Gesundheit im neuen Jahr wünscht.	☐	☐
c) Karpfen wird auch gegessen, weil man hofft, dass es dadurch keine Geldsorgen im neuen Jahr gibt.	☐	☐
d) Wer Berliner mit Senf erwischt, soll im neuen Jahr besonders viel Glück haben.	☐	☐
e) Um Mitternacht stößt man mit Silvesterpunsch auf das neue Jahr an.	☐	☐
f) Jahreswechsel feiert man immer mit Feuerwerk, um böse Geister zu vertreiben.	☐	☐

7. Ergänzen Sie. 例にならって適切な動詞を補いなさい。

> trinken   zubereiten 調理する   machen   putzen   schreiben   essen   ~~feiern~~   singen

a) Im Dezember gibt es in Japan viele Partys, die in Restaurants *gefeiert* werden. Da wird viel _____ und auch Karaoke _____.
b) Dann muss man sich auf Neujahr vorbereiten. Die Wohnung wird _____ und Neujahrskarten werden _____. Das Essen für die ersten Tage im neuen Jahr wird _____.
c) Zu Silvester wird um Mitternacht „Soba" _____. Damit wünscht man sich ein langes Leben.
d) Dann wird der erste Schreinbesuch des Jahres _____, und man wünscht sich Glück für das neue Jahr.

8. Ergänzen Sie die Dialoge. Benutzen Sie dazu die Vokabeln zu Übung 7 auf Seite 90 im LB. 教科書 90 ページ Übung 7 の語彙を使って、空欄を補いなさい。

K: Was wird bei euch zu Hause an Ostern gemacht?

S: Bei uns _____ _____ Osterkranz _____ und _____ Ostertisch

_____ _____, aber _____ Osterbrot _____ _____ und

_____ Ostereier _____ _____.

Und was wird bei euch gemacht?

K: Bei uns _____ _____ Osterspaziergang _____ und viele Ostereier

_____ _____, aber _____ Osterlamm _____ _____ und

_____ Ostereier _____ _____.

9. Schreiben Sie über japanische Feste. 日本の祭りについて作文しなさい。

s Mädchenfest 雛祭り   „Setsubun" 節分   r Tag der Kinder こどもの日

„Obon" お盆   Puppen aufstellen 雛人形を飾る   Bohnen werfen 豆を撒く

Karpfenfahnen aufhängen 鯉のぼりを揚げる   „Bon Odori" tanzen 盆踊りを踊る

a) Was wird bei Ihnen an „Setsubun" gemacht?

Bei uns _____

b) Was wird bei Ihnen am Mädchenfest gemacht?

_____

c) Was wird bei Ihnen am Tag der Kinder gemacht?

_____

d) Was wird bei Ihnen an „Obon" gemacht?

_____

10. Beantworten Sie die Fragen zum Text „Die fünfte Jahreszeit" auf Seite 91 im LB.
    教科書 91 ページの „Die fünfte Jahreszeit" を読んで、a) ～ f) の質問に答えなさい。

a) Wie nennt man Karneval, Fastnacht und Fasching noch?

_____

b) Wann beginnt die fünfte Jahreszeit?

_____

c) Wie lange dauert sie?

_____

d) Was wird am Rosenmontag und Faschingsdienstag gemacht?

_____

e) Was machen viele Leute beim Umzug?

_____

f) Wann beginnt die Fastenzeit?

_____

11. „Welches deutsche Fest möchtest du mal erleben? Und warum?" Interviewen Sie zwei Personen. 体験してみたいドイツの祭りについて、2人にインタビューしなさい。理由も聞いてみよう。

A. Tragen Sie die Antworten in die Tabelle ein. 答えを表に書き入れなさい。

Name	ich		
Welches Fest?			
Warum?			

B. Fassen Sie zusammen. 例にならって作文しなさい。

Bsp.:

Name	Masayuki
Welches Fest?	Ostern
Warum?	Schokoladeneier essen

Masayuki möchte Ostern erleben, weil man Schokoladeneier isst. ●

_____

_____
_____
_____
_____

12. Sehen Sie sich das Video „Adventskranz" an.
„Adventskranz" のビデオを見て設問に答えなさい。

A. Kreuzen Sie richtig (r) oder falsch (f) an.
a) ～ g) の正しいものには r (richtig) に、間違いには f (falsch) に×をつけなさい。

	r	f
a) Die Frau spricht über die Weihnachtstraditionen in Österreich.	☐	☐
b) Der Advent beginnt 4 Wochen nach Weihnachten.	☐	☐
c) In Deutschland wird Weihnachten am 25.12. und 26.12. gefeiert.	☐	☐
d) Am 1.12. bekommen die Kinder einen Adventskalender mit 25 Türchen.	☐	☐ ●
e) Im Adventskalender sind manchmal Süßigkeiten.	☐	☐
f) An Heiligabend wird ein Weihnachtsbaum aufgestellt.	☐	☐
g) Am 25.12. bekommen die Kinder Geschenke.	☐	☐

s Türchen = kleine Tür

B. Sehen Sie sich das Video noch einmal an und verbessern Sie die falschen Aussagen.
もう一度ビデオを見て、間違いを訂正しなさい。

_____
_____
_____
_____
_____

新・スツェーネン 2　ワークブック
場面で学ぶドイツ語

2023年2月20日　第1版発行

著　　　者	佐藤修子（さとう　しゅうこ）	
	下田恭子（しもだ　きょうこ）	
	Daniel Arnold（ダニエル・アーノルド）	
	Thoralf Heinemann（トーラルフ・ハイネマン）	
発 行 者	前田俊秀	
発 行 所	株式会社　三修社	
	〒150-0001　東京都渋谷区神宮前 2-2-22	
	TEL 03-3405-4511 ／ FAX 03-3405-4522	
	振替 00190-9-72758	
	https://www.sanshusha.co.jp	
	編集担当　永尾真理	
Ｄ　Ｔ　Ｐ	株式会社欧友社	
印刷・製本	日経印刷株式会社	

© 2023 Printed in Japan　ISBN978-4-384-13105-5 C1084

表紙デザイン　　岩泉卓屋
本文イラスト　　九重加奈子
　　　　　　　　カガワカオリ